Acompañamiento espiritual por ruptura amorosa

Yenni Payeski

Published by Yenni Payeski, 2021.

Also by Yenni Payeski

Problemas para dormir. Rituales y oraciones para que duermas más feliz
Trouble Sleeping? Evolve your spirituality
Acompañamiento espiritual por ruptura amorosa
Descodificación biológica Infantil
BIOLOGICAL DECODING. Children's Books

Watch for more at https://sentirseamada.com/.

"Acompañamiento Espiritual por ruptura amorosa"

Yenni Payeski

Gracias al Centro de Espiritualidad Santa María por darme las herramientas para ser una mejor persona, a mis grupos de oración Arca de Formosa y de Capital Federal por mostrarme el amor de hermanos del corazón y enseñarme el lenguaje de la humildad.

INDICE

Capítulo I- Introducción al camino de superar a un ex

Capítulo II: Con olor a vos

Proceso de sanación

Ejercicio 1 del Capítulo: Los pilares o círculos de la vida

Ejercicio 2: Las últimas décadas de mi vida

Capítulo III- Desarrollo del duelo

a) Abordaje de otras disciplinas

a) 1. El YO abandonado

1.1 ¿Qué es el duelo por separación?

1.2 La Codependencia

a) 2. Orando nuestros adioses

2.1 Etapas en el duelo por separación

a) 3. Recuperar la alegría

3.1 Nuevas melodías brotan del corazón

3.2 El dolor y la alegría

3.3 La revalorización de los sucesos

3.4 La fuerza revitalizadora de la alegría

b) Abordaje desde el acompañamiento espiritual

b) 1. El acompañamiento espiritual de mujer a mujer

b) 2. El autoconocimiento desde los 5 espacios

b) 3. Camino de oración (contemplativa)

Ejercicio del Capítulo: Me miro con amor y dibujo mi cuerpo

Capítulo IV- Cómo superar una ruptura

a- Observación evento TED de Guy Winch

b- Recopilación de entrevista al psicólogo Walter Riso

c- Cuestionario a la psicóloga y acompañante espiritual Mónica Lorenzo

Capítulo V- Desesperación por buscar otro clavo

Una búsqueda frustrante -Miedo en el aeropuerto- Espacio Sagrado -Cambios en la fe

Capítulo VI- Caso práctico: Descalzarse para entrar en el otro

Ejercicio: Higiene del corazón
Capítulo VII- Conclusión: mi pedacito de cielo
Ejercicio final: una puerta hacia tu libertad
Anexo I: Canción "Soy de tiempo"
Anexo II: ¿Qué aprendí con la toma de consciencia?

Capítulo I- Introducción al camino de superar a un ex

La mujer pierde no solo a su pareja, pierde toda su vida social, pierde su identidad como pareja. Deja mucho más que un solo vacío.

El 40 % de las personas padece una depresión luego de una ruptura amorosa con síntomas como insomnio, pensamientos recurrentes y afecta el sistema de defensas del cuerpo. Es un daño complejo que la afecta de múltiples maneras.

Es así como este libro también se podría titular:

-Dejar ir;

-Atravesar el duelo cuando se termina una relación;

-Cómo superar un duelo por separación;

-La historia de una mujer que atravesó su propio desierto;

-Miedo al nuevo abandono;

-Transforma tu dolor en tu fortaleza;

-Si te hace llorar no te ama;

-Te lastimó quien no sabe amar;

- ¿Cuántas noches tuviste que llorar para entender que no era para ti?

Tantos nombres que describen acertadamente la situación de desolación de las mujeres en duelo como la historia que encontrarás entre estas líneas de texto, experiencia real de una mujer que atravesó el proceso de duelo con las herramientas que brinda *"El Acompañamiento Espiritual" en medio del dolor por separación del hombre que amaba.* El personaje principal "Ana" atraviesa por varias etapas en el camino de la desesperanza para llegar al final más anhelado de ***"recuperar la alegría de vivir"*** en libertad para no seguir reteniendo a la persona que la ha abandonado físicamente y/o emocionalmente, permitiéndole <u>soltar el miedo al rechazo</u>, el volver a ser abandonada o puesta a un lado en próximas relaciones, ese espacio de encuentro con Dios le restituirá la confianza y la seguridad de ser amada por lo que es.

Este camino me gusta describirlo como un viaje en un tren con muchos vagones, en cuyo trayecto varias personas suben y bajan del vagón en el que viaja Ana en cada estación. Estas personas son amigos, parejas, familiares que la acompañarán en el viaje por una o varias estaciones, y en determinados momentos le dejarán una enseñanza para que continúe con su propio viaje.

Si podemos llegar a reconocer que, por imperiosa que sea la necesidad, con cada viaje hacia el recuerdo, con cada texto enviado, con cada segundo invertido en espiar al ex, estamos *alimentando la adicción*, profundizando el dolor emocional y complicando la recuperación.

Cuantos duelos atravesamos en la vida sin resignificarlos, casi sin gestionarlos adecuadamente, este libro aborda uno de tantos duelos que enfrentamos como personas, el de la separación desde el punto de vista de la mujer que sufre el abandono. Tan difícil como el duelo que padece un hombre que intenta superar a su ex esposa, que en el camino conoce a Ana, quien se encuentra sanando sus heridas de amor y aún no sabe que próximamente tendrá que atravesar otras pérdidas como el de un trabajo donde la despidieron, otra vez se siente abandonada pero en este caso laboralmente; luego se tiene que mudar de departamento porque contraerá matrimonio y la sacude el duelo de su soltería, al nacer su primer hijo amado enfrenta el **duelo de su individualidad**, de soltera a esposa y madre. Este texto aborda tan solo un fragmento de la vida de Ana y lo más doloroso que había experimentado en su agitada vida.

El personaje de Ana pretende llevar su experiencia a otras mujeres y compartirles las herramientas que a ella le han ayudado a superar la **crisis del abandono de una pareja** con la que tenía un proyecto de vida y la ilusión de ser feliz; porque además vivió ese proceso de separación como un duelo donde el amor le hizo imposible vivir y aunque de amor nadie muere, ella se sintió morir.

❖♥ Un duelo donde el amor le hizo imposible vivir y aunque de amor nadie muere, ella se sintió morir. ♥❖

Ese proceso significo su muerte para nacer a algo hermoso: la reconciliación consigo misma. Y el final del duelo le regaló valor, madurez y crecimiento espiritual para construirse de nuevo y aliviar el peso que llevaba dentro del corazón.

En su camino al corazón se dio cuenta que cuanto más se resistía más sanación sucedía, si estaba inquieta era porque algo importante le tenía preparado Dios. Cuando parecía que no tenía fuerzas, el Espíritu Santo la sostenía para que no abandonara. La retuvo la fe y la esperanza de que estaba yendo por un buen camino. *Una certeza inexplicable.*

El Acompañamiento Espiritual y el Camino al Corazón fueron una gran ayuda para transitar las secuelas de la falta de amor o desamor más allá de que las heridas cicatricen con el tiempo. Las **herramientas de escuchar el cuerpo** a través de la oración contemplativa son fundamentales para vivir este camino. También **reconocer su historia** acompañada de una persona que la escuchó sin juzgar y en sigilo, fue lo que le ayudó a transitar el duelo. Identificar sus emociones y pensamientos tiranos en el recorrido del camino y reconocer que venía muy lastimaba y desconfiaba de cada persona que creía podría volver a herirla. Descubrió que todos estamos en la búsqueda del amor y que solo Dios nos puede dar ese amor que nos transforma.

Cuando estuvo atravesada por el abandono todo se sintió cuesta arriba, es muy difícil sentirse alegre o disfrutar las situaciones cotidianas con entusiasmo.

El propósito de este libro es que las mujeres **pasen del dolor a la confianza restablecida**, aceptando que la vida trae grandes aprendizajes y superar el sentimiento de traición que trae el abandono es uno de los pasos.

Al recorrer el camino a su propio corazón Ana recuperó la sonrisa y el sentido del humor, dejando atrás el recuerdo de las profundas heridas del abandono, entre ellas el daño emocional y la sensación de no ser suficiente que ya no condicionan su vida.

Recuperar la alegría va de la mano de sanar la autoestima, y eso se logra encontrando a Dios en tu interior, Él es quien te habita y acompaña en el proceso de duelo. Donde aprenderás a reconocer que los sentimientos de rabia, frustración, decepción, desilusión e incomprensión te hacen **más humana**. Tu capacidad de resiliencia transformará el dolor en algo nuevo. Recupera tu valor sabiendo que vas por buen camino con *la certeza de sentirte amada por Dios*.

Este poema es parte de la sabiduría ancestral, al reflexionar sobre cada verso puedes pasarlo por el cuerpo hasta tu interior más profundo donde está la verdadera medicina.

Consejo de una sabia*:

Cúrate mijita, con los besos que te da el viento, cúrate, mijita.

Cúrate mijita, con la luz del sol y los rayos de la luna.

Con el sonido del río y la cascada.

Con el vaivén del mar y el aleteo de las aves.

Cúrate mijita, con las hojas de la menta y la hierbabuena, con el neem y el eucalipto.

Endúlzate con lavanda, romero y manzanilla.

Abrázate con el grano de cacao y un toque de canela.

Ponle amor al té en lugar de azúcar y tómalo mirando las estrellas.

Con los besos que te da el viento y los abrazos de la lluvia.

Hazte fuerte con los pies descalzos en la tierra y con todo lo que de ella nace.

Vuélvete cada día más lista haciendo caso a tu intuición, mirando el mundo con el ojito de tu frente.

¡Salta, baila, canta para que vivas más feliz!

*Cúrate mijita, con amor bonito, y recuerda siempre... **tú eres la medicina.***

**Consejo de María Sabina. Poeta Indígena.*

¿Por qué duele tanto dejar ir a alguien que ni siquiera te hacía caso, que ni siquiera estaba contigo cuando lo necesitabas, que ni siquiera te demostraba amor? ¿por qué?

¿Será por falta de amor propio, baja autoestima, costumbre, ego, miedo, apegos o mentiras bien contadas por nosotras mismas?

¡Averigüémoslo juntas en el recorrido de este libro!

Donde se pone en práctica *"la inteligencia al servicio del amor"*, es una forma de experimentar la ternura y la compasión. Y da por hecho que podrás lograrlo. Si eres de las que ve a su alrededor la felicidad y crees que nunca te llegará en la forma que quieres o cómo quieres entonces, quédate con esta frase: ***"PUEDEN porque CREEN que pueden"*** *(Virgilio)*. Te ayudo a creer en este caminar juntas.

Si sientes que estás pasando por un momento de tu vida donde esta expresión te identifica: ***"Entre el dolor y la nada, prefiero el dolor"*** *(William Faulkner)*. Entonces, tienes que seguir leyendo este libro.

La reconciliación consigo misma, alivia el peso del corazón pasando del dolor a la confianza restablecida.

Reconocer que sentir rabia, frustración, decepción, desilusión e incomprensión, te hacen más humana.

La capacidad de resiliencia transformará el sufrimiento en algo nuevo.

Con la certeza de sentirse amada por Dios.

Capítulo II: Con olor a vos

Un instante en la vida de Ana estuvo marcado por la sensación de estar viviendo otra vida, una que no era de ella, que no estaba en sus planes. Nunca antes había estado en la situación en la que se encontraba ahora, sin saber qué hacer, *desconcertada por esa sensación de sin sentido*. Sentía el olor de José, su ex pareja, en otro hombre. Cuando por fin se daba a ella misma la oportunidad de abrazar a otro hombre por primera vez, esa espalda no tenía la forma a la que ella estaba acostumbrada a tocar, no eran su espalda grande y musculosa, no era su olor. Se había grabado por tantos años en su tacto y en todo su ser la forma del cuerpo de su ex, ¿algún día lo podría olvidar? Olvidar su sonrisa, su aroma, el sonido de su vos. ¿Su mente dejaría de hacerle trampa? ¿Dejaría de verlo al caminar por la calle sentado en un bar? Se vio de pronto en la encrucijada de seguir abrasando a este nuevo hombre pensando aún en José o enfrentar la realidad de empezar a vivir sin él. Por varios días se quedó pensando si su mente le había jugado una mala pasada, tal vez el color de la camisa del hombre a quien abrazó era igual al color de la camisa que le quedaba tan bien a José. Suspiraba habiendo pasado más de un año de la última vez que lo vio con esa camisa y que sintió su perfume. Recordó en ese instante que ciertos **perfumes, sonidos o eventos suelen despertar incluso meses o años después experiencias que parecen estar sucediendo en ese mismo momento**, que la mente es atemporal, se sintió más tranquila y se dijo a sí misma, *estoy sanando, me doy la oportunidad de ser feliz, merezco **ser amada, así como SOY.***

Los viajes en tren rumbo al trabajo le daban la oportunidad de leer, escuchar música o soñar despierta. En una ocasión en el viaje se encontró añorando el sonido del mar, sumergir su cuerpo en las cálidas aguas del caribe, sentir arena fina y blanca en sus pies, refugiarse del sol en la sombra de unas palmeras; empezó a imaginarse siendo ella misma una selva, con olor a corteza de árbol, a sentir cuando el mar se encuentra con la selva, donde él, José, sería el olor a mar, ¿estarían destinados a estar siempre unidos? ¿o podría romper esa conexión invisible? El tren se detuvo en la última estación y Ana descendió con el perfume del mar grabado en su piel, anhelando romper esa conexión, pero no sabía cómo hacerlo. Decidió buscar ayuda, se decía en algún lugar de esta gran ciudad debe haber alguien que pueda sacarme de este desconcierto. Al llegar a su oficina, se acomodó en su escritorio con vista al río y comenzó a investigar en internet sobre algún retiro espiritual, entre los primeros resultados de la búsqueda estaba el Curso de Acompañante Espiritual (CAE), en las primeras líneas hablaba de encontrarle el sentido a la vida, cuando ya habías buscado por otros caminos. Lo mejor de todo es que el curso se dictaba a tan solo dos cuadras de su departamento. Pensó Ana: *¡lo puedo hacer! En realidad, me queda cómodo para ir a clases al salir del trabajo, una vez por semana por cuatro horas; bueno, pruebo un par de clases...* En fin, en ese momento no tenía idea lo que cuatro años después sucedería, había dado el primer paso hacia una vida plena. Comenzaba un proceso de cuatro años de autoconocimiento, donde se enfrentó a aspectos de su ser que desconocía, que le dolían mucho, que no quería revisar. Cada semana al salir del curso decía *esta fue la última vez que asisto a las clases y talleres*, a la semana siguiente le dolía la panza antes de ir, incluso sufría cólicos y no quería ir al curso. Eran **sus resistencias que la traicionaban.** Cada año decía *este es el último año que curso* y al año siguiente se volvía a anotar e ir semanalmente porque en su interior veía los destellos de una mejor versión de si, mejoraba su carácter, sentía que **sus partes duras e inflexibles se volvían más humanas e imperfectas,** que su orgullo daba lugar a la humildad y fue donde reconoció la acción de Dios en su vida.

En ese curso (CAE) halló un grupo de personas que conocieron su corazón como nunca antes se había permitido mostrarse, vulnerable, se abrió a nuevas ideas, se sintió parte de una comunidad rodeada de gente buena, que tenía las mismas dudas que ella, los mismos dolores, que no tenían miedo de exponer su corazón y aceptarse tal cual eran, cada uno **un ser único, inigualable e irrepetible**. Pensaba en ellos como los asombrosos animalitos que habitan la selva y recordó una leyenda de su tierra natal, de pronto se vio relacionando la cualidad extraordinaria de cada animal de la selva con un compañero del grupo que había conocido tan bien en esos años y se propuso representar ese largo proceso de cuatro años con la leyenda de su querida tierra colorada. Porque al finalizar el último año del curso, para que Ana apruebe una materia tenía que justamente personificar frente a sus compañeros lo vivido para reflexionar, poner en palabras y agradecer las experiencias reconociendo los grandes cambios percibidos por ella misma y dando la oportunidad de que sus compañeros le expresen su valor.

Cuando llegó el día de la gran representación que estuvo preparando durante meses Ana se sentía tan nerviosa e insegura que, por providencia, al llegar al aula se encontró a Belu, una compañera muy amorosa que percibió su ansiedad y la ayudo a preparar el escenario, le hablaba para tranquilizarla y poco a poco el aula se fue llenando de sus casi 25 compañeros y 4 profesores, cada minuto se le hacía eterno. Ana repasaba con su mirada cada objeto del escenario y el momento en que tenía planeado usarlo para su representación, miró primero la manta bordada de animales que había colocado sobre el piso, esa manta la había comprado en una playa de Uruguay, un verano de vacaciones sola con sus mejores amigas, años anteriores cuando se había animado a viajar sin José, ella quería demostrarle que podía disfrutar sin él. Si bien sentía culpa por creer que en el fondo él quizás quería haberla acompañado o no...eran sus ganas de que él la hubiese apreciado lo suficiente para dejar sus negocios de lado y no dejarla tomar ese vuelo sola. Luego, detuvo su mirada en unas maracas o sonajeros cuya función era acompañar la música con bellos sonidos de pájaros y flautas de aborígenes que habitaban la selva en su representación; esos sonajeros los había comprado en el último viaje a Cuba con José, donde descubrió en una playa paradisíaca de los Cayos la infidelidad de él, en realidad confirmó lo que tanto temía en su interior, recordó el preciso instante en que tomo el teléfono celular de José para grabar un video de la playa caribeña y vio ese mensaje de amor que no estaba dirigido a ella, no lo creía, cómo su vida se derrumbaba en esa excursión de buceo, donde se sumergía en el mar entre restos de barcos y naufragios, corales y peces multicolor, deseando desaparecer, que un tiburón se tope en su camino y a la vez sintiendo tanto miedo, tomo coraje subió a la embarcación y lo enfrentó diciéndole a la cara que ella lo sabía. Dejando atrás ese recuerdo, Ana paso la vista a la máscara tallada en madera con figuras de dioses mayas como la luna, el amor y la fertilidad que ella había comprado en una isla de México, otro viaje que realizo junto a sus amigas, en un impasse con José, habían discutido unos días antes de su viaje y él se había marchado de la casa en la que convivían. Después, Ana visualizó la imagen de la Virgen del SEA (representa el Servicio, la Entrega y Alabanza), que había colocado en el centro de la manta para tomar fuerzas y renovar su decisión de que "sea" la voluntad de Dios en su representación de su proceso. Se sentó sobre un cojín, tomó en sus manos otra máscara, veneciana, que trajo como recuerdo de su primer viaje a Europa, se la puso sobre el rostro para intentar disimular su timidez, vulnerabilidad y nerviosismo para comenzar a relatar la siguiente leyenda del Salto Encantado. Para conocerla debemos viajar en el tiempo, es una leyenda sobre su origen que relata una tragedia de amor inspirada en el seno de la comunidad aborigen guaraní que pobló el Valle del *Cuñá Pirú* (significa mujer flaca en lengua guaraní).

Leyenda del Salto Encantado: *

Habitaban en el gran valle 2 tribus enemigas. El cacique de una de ellas, Aguará (que significa zorro), tenía una bella hija llamada Yate-í (la dulce). El cacique de la otra tribu se llamaba Yurumí (oso hormiguero), cuyo hijo Cabure-í (pequeño búho), era un excelente cazador y guerrero.

El Dios de los guaraníes Tupá, tenía un capricho, quería cruzar los caminos de estos bellos jóvenes, preparo el momento propicio para su encuentro. Cabure-í recorría la selva en busca de caza cuando fue atraído por el grito de terror de una joven, corrió hacia allí y en un claro del monte vio la hermosísima Yate-í, a quien no conocía, a punto de ser atacada por un enorme yaguareté (jaguar). Cabure-í clavo su lanza con certeza en el corazón del animal, su sapucay (grito característico) triunfal anuncio la muerte de la fiera.

El amor entre los jóvenes nació en ese momento como por un mágico encantamiento.

Pero sus padres no lo admitieron y su odio estalló en una gran batalla. Durante la lucha Yate-í lloró al ver morir a su padre y sus lágrimas, al tocar el suelo, se iban transformando en pequeños hilos de agua.

Cabure-í al observarla dejó las armas y corrió para compartir su dolor. En ese instante cientos de flechas de ambos bandos abatieron a los jóvenes y Tupá (Dios de la naturaleza) hizo que de las lágrimas caídas de Yate-í formaran un arroyo, y con truenos y rayos la tierra se abriera, cobijando a los enamorados muertos. En ese lugar las aguas del arroyo cayeron, formando entonces el salto. En memoria de sus hijos, las tribus jamás volvieron a pelear.

**Fuente: https://encantado.misiones.tur.ar/parque/*
Foto: Visita al Salto Encantado, Misiones, Argentina

Ana se quitó la máscara veneciana y agregó que cuenta la leyenda que solo los que sufren una **herida de amor** alcanzan a escuchar el llanto de la princesita guaraní *al contemplar el salto*, y que al escucharlo *esas heridas sanan casi milagrosamente*. Se vio reflejada en la princesita guaraní porque sentía que no fue suficiente tanta pasión desatada, cuando el amor te hace imposible vivir, es la ilusión de ser feliz y aunque de amor nadie muere, ella se sintió morir hace unos años al ser traicionada por quien creía era su gran amor.

Años después Ana visitaría ese salto encantado (ver foto) con sus heridas de amor curadas, pudiendo agradecer una vez más haber atravesado ese doloroso y resiliente proceso que significo su muerte para nacer a algo más hermoso, la reconciliación consigo misma.

A lo largo de estos cuatro años del CAE, fue aprendiendo a vivir más liviana, pudo ver la acción de Dios en ella. Relató a su grupo y profesores que su principal motivación al ingresar al curso de acompañante era la curiosidad por descubrir qué sentido tenía su vida y lograr así recuperarse de la separación dolorosa de su ex novio. Ella venía del rompimiento de esa relación de noviazgo que había mantenido por tres fugases años, dicha relación había iniciado años antes en una pequeña ciudad del interior de su país, donde había estado trabajando, hasta que decidió aceptar un nuevo puesto de trabajo que la llevaría a vivir en la cosmopolita y gran ciudad de Buenos Aires, distante a más de mil kilómetros de su tierra que tanto añoraba. Esta decisión le permitiría crecer profesionalmente y apostar a continuar en la relación con José porque vivirían juntos, él prometía dejar de viajar por negocios y permanecer más tiempo junto a ella. Sus promesas fueron en vano porque un año después de convivir en un lujoso departamento, se separaron al volver del triste viaje a Cuba.

Proceso de sanación

Para Ana en ese entonces, ya nada tenía sentido, estaba simplemente sobreviviendo, seguía trabajando para una gran corporación donde debería sentirse realizada profesionalmente, sin embargo, sus días transcurrían sin lograr parar de llorar día tras día. Sufría a tal punto que *sentía que se secaba por dentro*, horas interminables de lágrimas disimuladas en su escritorio, en las reuniones, en los almuerzos y sin consuelo en cada esquina del baño de su oficina o en el viaje en tren a su nuevo departamento, donde se sentía sola por primera vez en su vida. Estaba muy **enojada con Dios**, porque ella había ido a misa todos los días por más de dos meses rogándole que hiciera que José cambie, que la quiera como ella necesitaba, y creía que Dios no la había escuchado, todo lo contrario, la había traicionado, porque José le había sido infiel, la había dejado en una ciudad extraña, donde no lograba adaptarse, el ambiente laboral era muy exigente, se preguntaba ¿dónde estaba la gente buena?, ¿será por eso que las iglesias estaban vacías?

Así fue como llegó al CAE, años después admiraría las formas que usa Dios para **ensanchar su corazón** y permitir que el Espíritu Santo obre en una forma tan especial, como lo hizo en su primer año del curso donde encontró un mundo nuevo al que sentía pertenecer, ya no remaba contra la corriente en cada lugar, había un lugar especial donde las personas la entendían y la escuchaban, la querían y respetaban, descubrió una vez más que **era** valiosa para Dios. No fue sencillo, su cuerpo se resistía y sus intestinos se volvieron irritables, un ciclo que le duraría años de consultas al médico para descubrir que era intolerante a la lactosa.

♥❖♥ ¿En realidad era intolerante a la lactosa? O era la intolerancia a lo que había vivido, su orgullo herido que la volvía inflexible, irritable y más intolerante. ♥❖♥

Ese <u>primer año</u> de empezar a conocerse, Ana entendió que su ego estaba en primer lugar, porque no podía o *no sabía hablar* y decir lo que le pasaba porque ella misma no sabía cómo mirar en su interior, no podía o *no sabía darse cuenta* y su cuerpo se brotaba de **alergias** en la piel de sus brazos y piernas, cuando algo no le gustaba o no quería vivir una situación o ir a algún lugar su cuerpo hablaba y ella *no sabía descifrar aun* lo que le quería decir pero, había empezado a mirarse, un primer gran paso registrarse a sí misma. Conoció sus **emociones**: SINTIO que empezaba a ponerle nombre a cada emoción, no sabía leerse o reconocerse cuando sentía enojo, rencor, orgullo y aprendió a poner en palabras eso que la movilizaba por dentro aun cuando los dolores de garganta pretendían acallar eso que sentía y dejarla sin vos. Se empezó a dar cuenta de sus **actos**: HIZO más cosas por ella sin sentir **tanta culpa**. Decidió intercambiar seis valiosos días destinados a vacaciones de verano en alguna playa paradisíaca por ir a su **primer retiro de silencio y oración contemplativa**; venciendo las burlas de sus amigas y compañeros de trabajo que decían que ella se había vuelto una monja. Ana, sin embargo, les sonreía porque no tenía sentido explicarles lo bien que se sentía por dentro, lo maravilloso que era sentir esa **paz** y por supuesto ella no estaba destinada a ser monja, aunque un par de veces esa idea la tentó. En ese retiro, frente a la Virgen de Guadalupe le pidió con todo su corazón que la ayudé a entender que tenía qué hacer en su vida, si volver a vivir a su ciudad de origen junto a sus seres queridos, sus padres, hermanos y amigos o continuar viviendo en esa gran ciudad, era muy duro para ella estar lejos de su familia y el trabajo en esa corporación financiera se hacía cada vez más inhumano, se cruzaba con personas que la lastimaban y en el fondo de su corazón sentía que el curso la estaba ayudando y se planteó terminarlo antes de tomar la decisión de volver a mudarse de ciudad. Entonces, fue en un momento de oración que le resonó la palabra *"esperar"*. Se propuso seguir esa palabra para esperar y discernir qué era lo mejor para su vida. Aunque sentía que esa elección la dividía, la desorientaba, la dejaba en soledad e incertidumbre, con miedo, angustia, ira, bronca, anhelo, añoranza y ansiedad. Suspiró de repente y percibió en su cuerpo que le dolía la cabeza, le picaba la piel, tosió y le dolía el estómago. Más no sabía cuánto tiempo esperaría, pero las respuestas pronto llegarían.

En el <u>segundo año</u> del curso se propuso buscar una psicóloga que a la vez sea católica, para que pudiera entender su sentir, sus creencias y ayudarla en el discenimiento junto a la acompañante espiritual a la que asistía mensualmente. Luego de varios meses de oración con la ayuda de **su acompañante** pudo decidir quedarse en esa gran ciudad. El siguiente paso, reflexionado con su **psicóloga** era lograr asentarse y pertenecer a ese lugar, por lo que decidió comprarse su primer departamento a finales de ese mismo año muy cerca de su trabajo, aunque era la octava mudanza en su vida, era un gran paso para ella, atravesando la crisis, entendía que su familia siempre la amaría y estaría a pesar de la distancia y que ***nada en la vida era definitivo***.

Ya para el siguiente verano, Ana asistió a su segundo retiro de silencio, oración y contemplación (por diez días) para agradecer la compra del departamento propio y reflexionar sobre cómo había avanzado en tan poco tiempo. Su oración contemplativa empezó a ser diaria. Y en ese <u>tercer año</u> del curso pudo ser capaz de registrar que *elegía esperar* y disfrutar más las circunstancias de quedarse en un buen trabajo, terminar el curso y distribuir sus días de vacaciones para viajar a las playas que tanto le gustaban como pasar más tiempo con su familia visitando su tierra varias veces al año. **Esa elección le**

traía paz y tranquilidad para esperar. No lo tomó como definitivo, se consolaba en Dios, sentía alivio, esperanza y seguridad interior. Sintió por primera vez la alegría de esa decisión, ese gran viaje a su propio corazón reconciliándose consigo misma. Para finales de ese año conoció al amor de su vida, con quien meses después se casaría. Llegaba a su vida Tiago, fruto del gran amor que compartían con Dios al permitir que sus vidas se cruzaran.

El <u>cuarto y último año</u> de cursar materias del CAE, trajo consigo una montaña rusa de movimientos interiores y exteriores, se casó con Tiago venciendo los prejuicios de su religión que le decía que no podía casarse con un hombre divorciado, en su interior ella sabía que el amor de Dios es tan grande que solo quiere su felicidad, ella creía en un Dios de amor y no de creencias de otra época. Tuvo que aprender a tomar decisiones en conjunto, cuando antes ella decidía todo a su placer, se mudó de nuevo dejando su departamento propio y su vida de soltera que tanto valorada. Pero también ganaba más de lo que dejaba atrás, ganaba un compañero de vida. Al poco tiempo de volver de la luna de miel en Hawái, la despiden de su trabajo, siente de nuevo que su vida se derrumba, su identidad desaparece, *¡qué va a hacer ella ahora!*, tantos años de estudio, formación y dedicación a una corporación que pocos años antes la premiaba como la mejor empleada y ahora la convertía en un número más, un legajo desechable. Ella no se sentía lista para dejar esa corporación, si quería hacerlo más adelante porque no se veía jubilándose allí, con tanto estrés y metas vanas. Hubiese sido un sin fin de enfermedades, eso lo comprendía, pero no lo aceptaba. Pasaron meses para que lograra entender que ese despido le cambio la vida para bien. Ganó la oportunidad de discernir a la luz de Cristo qué quería hacer en su vida laboral y algo maravilloso estaba aguardándole a la vuelta de la esquina. Pudo irse de vacaciones con su esposo, sin importarle la cantidad de días, si tenía permiso o días disponibles de vacaciones, ganó una libertad que no sabía podía tener. Entendió que **Dios había puesto ese deseo en ella y así sucedió.** Su acompañante espiritual, luego de cuatro años le ayudó a darse cuenta que el balance era positivo, este proceso del CAE fue uno de sus **grandes soportes,** uno de sus pilares que no cambió, cuando todo el resto cambiaba. Recuerda una frase del sacerdote Víctor, su profesor, cuando explicó que su proceso había sido como *"un trasplante de corazón"*. Pudo identificarse plenamente con esta forma de describir su propio proceso con un corazón nuevo para amar y ser amada.

∞∞∞∞∞∞

Ejercicio 1 del Capítulo: Los pilares o círculos de la vida

El <u>objetivo de este ejercicio</u> es que puedas revisar cuáles son los pilares fundamentales de tu vida, cómo cambiaron en tus últimos años y qué aprendizaje te dejaron.

Te propongo que realices esta actividad para revisar los últimos años de tu vida. Toma un papel en blanco y dibuja un gran círculo, en el centro dibuja otro círculo más pequeño que te representará, escribe tu nombre. Luego saca una flecha hacía arriba a la derecha y dibuja un circulo con el nombre de los miembros de tu familia más cercana. Del círculo central vuelve a sacar otra flecha hacia la derecha y coloca un nuevo circulo con el nombre de tus amigos más cercanos y así sucesivamente dibuja círculos con el nombre de tus compañeros de trabajo, deportes o actividades de ocio y al final de todo completa el círculo más grande que habías dibujado al principio con la descripción de tu relación con Dios.

Continuando por la experiencia de Ana, ella pudo darse cuenta de lo siguiente:

> En el **<u>círculo central</u>**: (*Ana*). Fue gracias a revisar su proceso de vida en el paso por el curso donde se dio cuenta que *¡cuánto más se resistía más sanación sucedía!*, si estaba inquieta era porque algo importante le tenía preparado Dios. Cuando quería faltar a clases y parecía que no tenía fuerzas, el Espíritu Santo la sostenía para que no

abandonara. La **retuvo la fe y la esperanza** de que estaba transitando por un buen camino. *Una certeza inexplicable.* Esto se vio reflejado en su cuerpo, sus alergias cada vez que se presentaban en la piel, ella estaba más atenta a que situaciones no le habían gustado y al no lograr darse cuenta en el instante su cuerpo le hablaba con señales en la piel. Aprendió a percibirse, a abrirse más a las personas y decirles lo que le está pasando y lo que quería o no hacer.

En el **círculo de su comunidad:** Sintió que el grupo del curso era maravilloso y dio gracias a Dios por cada uno de ellos. Experimentó que *"el amor es más fuerte"* porque aprendió a conocer sus corazones. Recordó que al principio no era así de simple porque ella venía muy lastimaba y desconfiaba de cada persona que creía podría herirla. Descubrió que todos estaban en la búsqueda del amor y que solo Dios podía darles ese amor que los transformó.

El **círculo de su familia:** Influyó considerable porque ANTES del CAE le costaba entender porque su mamá iba a misa a diario y era bastante estricta con los preceptos de la iglesia. Sin embargo, pudo llegar a entender mejor a su mamá de que había mandatos familiares fuertes de sus abuelos, aprendió a aceptarla y no enojarse porque ahora elegía como mujer adulta que tipo de espiritualidad quería vivir, se sentía libre y le pesaba cada vez menos la mochila de la culpa que por tantos años le inculcaron. Aprendió a perdonarse y a perdonar. Respecto a su papá, el proceso le ayudó a cuidarlo con más amor los días que estuvo internado en un hospital, a escuchar con paciencia a la persona que más le costaba escuchar. Con sus tres hermanos dejó el rol de ser la hermana mayor que tenía que estar controlando y velando por el futuro de ellos, practicó el soltar y dejarlos hacer su vida para que vivan su propia experiencia. Aprendió a escucharlos sinceramente.

<u>Círculo de sus amigas:</u> Le decían que estaba más aislada porque ya no quería salir a bailar e irse de vacaciones con ellas, había cosas que le dejaron de gustar y como no las disfrutaba se permitió cambiar y tener su propio espacio. Saber qué es lo que quería y no dejarse llevar por comentarios, pudo entenderlas y decidir cuándo si quería compartir con ellas y cuando no. Después de un tiempo sintió que ellas aprendieron a respetar ese espacio. Aun cuando su cuerpo expresaba con dolores de estómago cada vez que iba a verlas, comprendió que hay emociones y recuerdos del pasado que siguen sanando. Aprendió a escucharlas y hablar de cosas que eran importantes para ella también.

Ana repasó un mail de su mejor amiga, se conocían hace más de quince años, donde ella le decía:

"Amiga, pasaste por varios cambios, noviazgos, ciudades, hogares, pero nunca cambiaste tu paz interior, fuerza y creencia. Mudarte a esta gran ciudad fue lo más arriesgado y acertado, pasaste por una etapa de miedos e inseguridades hasta llegar a una etapa de paz infinita y aprendizaje con el curso del CAE, un camino de sabiduría y luz. Por mi parte siento una cuota de culpa hasta decir que quizás no he sido buena compañera en este proceso. Cuando comenzaste este camino noté en vos cambios internos de escucha y comprensión desde otro punto de vista...más allá del de una amiga sino como una consejera del alma. Siento que reafirmó tu fe y amor a Cristo. Te abrió a otras miradas del perdón, aceptación y

compasión. Dio vuelta una página de tu libro de vida y escribió otras historias bellas llenas de amor y alegrías".

Ana al leer el mail lloraba de alegría por tener un ángel en forma de amiga que la amaba y acompañaba en sus aventuras.

Otro ángel en su vida fue una compañera de trabajo que se convirtió en una gran amiga y testigo de momentos de mucho dolor, miedos y alegrías, quién en un mensaje le escribió lo siguiente:

"Mi perspectiva es que atravesaste diferentes etapas, donde al principio, buscabas dispersión evitando generar conexiones que pudieran llegar a durar en el tiempo (al menos en el plano amoroso), cerrando puertas en algunos casos por lo que para vos eran diferencias irreconciliables. Después viviste una etapa creo que estabas más recluida, como que tuviste mucha etapa de introspección, sin embargo, en tu habla lo que antes quizás era tajante ahora ya no, tu opinión si firme, pero más abierta a escuchar ideas diferentes. Un ejemplo para mi es que dentro del ámbito religión- creencias, las dos sabemos que tenemos grandes diferencias jajaja y quizás en la primera etapa tenía miedo que eso nos pusiera un límite en nuestra amistad (me paso una vez hace muchos años), sin embargo, creo que con el tiempo yo pude decir mis delirios de forma abierta, me sentí a gusto conversándolo con vos y se generaron charlas que al menos para mí fueron muy ricas. Luego vino una etapa más reciente donde creo que encontraste tu equilibrio entre las etapas anteriores en lo que respecta contacto con el mundo versus "reclusión" (no es esa la palabra correcta, pero no estoy encontrándola, por favor toma el concepto), con un agregado que se le suma el animarte a exponerte, a decir lo que quieres

y lo que te pasa. Si tuviera que mencionar lo más positivo, sería tu alegría e inocencia creo que es un don increíble y que contagia por lo que no tiene precio. Eso combinado con tu capacidad de escucha hace que conversar con vos en cualquier estado anímico en el que uno esté se transforme en uno mucho mejor."

Círculo del trabajo: En su oficina ella noto que a sus compañeros y jefes les costó entender su proceso y la criticaban a menudo. Aprendió a mirarlos con amor y saber que *si la criticaban era porque iba por buen camino.* Así fue como con el tiempo algunos de sus compañeros se acercaban a ella cuando necesitaba conversar sobre algo que les preocupaba en suma confianza. Su forma de pensar cambió, fue menos prejuiciosa y acepto a las personas como son. Reflexionó dándose la oportunidad de discernir qué camino le gustaría seguir en lo profesional, animándose a algo nuevo (antes impensado para la Ana más rígida).

El deporte y el ocio: En su tiempo libre disfrutó de más tiempo de lectura, momentos de silencio y soledad, salir a correr por una reserva natural cercana a su departamento, contemplar la naturaleza sin preocuparme más por la cantidad de kilómetros recorridos. Se animó a viajar sola a otro continente y lo disfruto muchísimo, como nunca se hubiese imaginado.

La Presencia y relación con Dios: Se sintió más unida porque lo conoció más de cerca, quería pasar más tiempo con Él, *como una enamorada que disfruta en presencia de su amado,* con la certeza que la ama como a su hija predilecta. Antes, lo veía como un Dios castigador, que la apuntaba con el dedo y solo señalaba sus equivocaciones. Le pidió que alivié su sobre-exigencia. Con la Virgen aprendió a verla como una mujer humilde llena de Gracias que siempre está ahí como referente, que la entiende y escucha con paciencia. Con la Iglesia pudo quererla a pesar de todas las críticas a la institución porque sabía que el cambio empezaba por ella.

∞∞∞∞∞

Ejercicio 2: Las últimas décadas de mi vida

Otra forma de realizar este ejercicio es repasar tu vida separándola en décadas, puedes ir a un parque donde sientas que puedes relajarte bajo la sombra de un árbol, recoger algunas ramas sueltas y disponerlas sobre el césped a un paso de distancia cada rama indicando las décadas de tu vida desde tu nacimiento.

Ponte de pie en la rama que marca el **momento de tu nacimiento**, trata de sentir cómo fue ese instante, quizás vengan a tu mente algunas historias que te contaron tus padres, tus abuelos o tíos. Puede ser que no querías salir de ese lugar cómodo donde estabas y tuvieron que ayudar a tu mamá para que vengas a este mundo. Luego da un paso en dirección a tu primera década de vida, allí es donde están los recuerdos de **tu niñez**, con tus primeros amigos, ¿con quiénes jugabas?, ¿tenías hermanos más grandes?, ¿solías visitar a tus abuelos?, ¿hay algún recuerdo de ese tiempo que tengas que sanar porque pasaste mucho miedo?, ¿te perdiste en algún lugar? Da otro paso hacia el periodo de tu **adolescencia**, ¿eras más extrovertida o introvertida?, ¿te gusta pasar tiempo con tus amigas o preferías estar en tu habitación leyendo?, ¿qué cosas te gustaban hacer?, ¿practicabas algún deporte?

Tómate tu tiempo antes de avanzar hacia la siguiente década de tu **juventud**, si fuiste a la universidad, te enamoraste por primera vez, ¿quizás en este periodo fue donde te rompieron el corazón por segunda vez?, ¿cómo se llamaba él?

El siguiente paso es hacia la década de **la adultez**, ¿te comprometiste o te casaste joven?, ¿cómo era tu trabajo?, ¿te gustaba o estabas bajo mucha presión?, ¿hay algún lugar del cuerpo que te duela al pasar por esa década, el estómago quizás? Sigue avanzando cada década de tu vida hasta el momento presente.

Cuando hayas terminado, respira profundo y te propongo que vuelvas al momento de tu nacimiento, párate sobre la primera rama de nuevo. Quisiera que ahora vuelvas a pasar por cada década **mirando con los ojos del corazón**, con nuevos ojos de amor para ir sanando, perdonando cada situación y dando nueva luz a las crisis. Cada dolor que percibiste en el cuerpo al pasar por alguna década trata de relacionarlo con alguna situación o evento y pídele a Dios que te ayude a sanarlo. Quizás tengas que detenerte y continuar con este ejercicio en otro momento. Trata de descansar luego de este ejercicio, date un tiempo de relajación y aceptación de la vida que tuviste, esos hechos te hacen la mujer maravillosa y resiliente que eres hoy, ámate.

Este ejercicio Ana lo realizó en un lugar cómo el de la foto siguiente, en un parque de la casa de retiros bajo la sombra de unos majestuosos árboles que la cobijaban.

Foto: Parque en Santa María

∞∞∞∞∞∞∞

Para finalizar este capítulo de la vida de Ana, quiero destacar que la vida te sacude más veces de las que podamos imaginar y en esos momentos ella sólo quería encontrar una ***persona que la abrace tan fuerte que una sus partes rotas***.

La intolerancia a lo que había vivido, con su orgullo herido la volvían inflexible, irritable y más intransigente.

Su proceso había sido como "un trasplante de corazón". Cuanto más se resistía más sanación sucedía.

Como una enamorada que disfruta en presencia de su amado, con la certeza que la ama como a su hija predilecta.

Capítulo III- Desarrollo del duelo

Cuán importante es primero entender y recordar que significa acompañar en palabras de Alan D. Wolfelt:

La Filosofía del Acompañar:

*"1. Acompañar se trata de **estar presente** para el dolor de otra persona; no de hacer que su dolor desaparezca.*

*2. Acompañar se trata de ir al **desierto del alma** con otro ser humano; no de creer que somos responsables de encontrar la salida.*

*3. Acompañar se trata de **honrar el espíritu**; no de enfocarse en el intelecto.*

*4. Acompañar se trata de **escuchar con el corazón**; no de analizar con la cabeza.*

*5. Acompañar es dar **testimonio de las luchas** de otros; no de juzgar o dirigir esas luchas.*

*6. Acompañar se trata de **caminar al lado**; no de conducir o ser conducido.*

*7. Acompañar se trata de **descubrir los dones del silencio** sagrado; no significa llenar con palabras cada momento.*

*8. Acompañar al que sufre se trata de **quedarse quieto** y en silencio; no de querer moverse frenéticamente hacia adelante.*

*9. Acompañar se trata de **respetar el desorden y la confusión**; no de imponer orden y lógica.*

*10. Acompañar se trata de **aprender** de otros; no de enseñarles.*

*11. Acompañar se trata de tener una **actitud de curiosidad** y no de expertos."*

En este capítulo se plantea el tema del **Acompañamiento Espiritual en el duelo por separación** desde varias disciplinas para comprender lo que cada una de ellas puede enriquecer el proceso de sanación. *Paradójicamente, ser capaz de **estar sola** es la condición necesaria para amar, porque si se aprende a amarse primero, a valorarse,* *a sentirse digna de recibir amor por como "soy", a disfrutar de estar consigo misma para después derramar amor.*

Se intercalarán conceptos con experiencias de la vida de Ana para que sean más didácticas las herramientas ofrecidas.

a) Abordaje de otras disciplinas

a) 1. El YO abandonado

Es necesario exponer lo que dicen los autores NOREEN CANNON Y WILKIE AU en su libro titulado ‹Anhelos del Corazón: integración psicológica y espiritual› (Ágape, 2015, pág. 41). "*Acontecimientos como la muerte repentina de un ser querido, **el fracaso de una relación** o el anuncio de una enfermedad debilitadora nos fuerzan a **orientarnos de nuevo a aquellos que habrá de sostenernos…Esos sufrimientos pueden ser la puerta de acceso** a ulteriores estados de **crecimiento** pues, sin quererlo, nos fuerzan a aventurarnos en zonas que de otro modo nunca visitaríamos.*"

Dichos acontecimientos como el duelo por abandono de su ex pareja y una enfermedad que le quitaba energías son los que motivaron a Ana a refugiarse en la espiritualidad y buscar un sostén como lo es un acompañamiento espiritual, para volver a recuperar la confianza en el amor propio por la gracia de Dios que habita en el interior de toda persona. Cuando Ana como mujer se sintió abandonada, desprotegida y solitaria se vio obligada a **integrar sus sombras** para convertirse y ser plenamente la persona que Dios quiso que sea, fue creciendo en la capacidad de reconocer su carácter y fortalecer su sentido de identidad, y ese genuino autoconocimiento la arraigo a pertenecer a un lugar, el sentido de pertenencia a una comunidad que podía entenderla le confirió una sensación de seguridad y confianza propias que la dejo en libertad para ser ella misma, incluso a riesgo de no contar con la aprobación de los demás…como le sucedió con sus amigas y compañeros de trabajo, incluso con sus propios jefes. Y su cuerpo también se vio beneficiado al ir integrando sus miedos en forma de sombras, los dolores intestinales, las tensiones en el cuello fueron disminuyendo a medida que **su energía reprimida** encontró salida al modificar su alimentación con una nutricionista, se anotó en un grupo de desparasitación autogestiva para limpiar su organismo con plantas o hierbas de la región que acompañaron su proceso para ser capaz de gestar nueva vida (limpiar la casa del próximo bebé como le gusta recordar) y llenarla de entusiasmo, alegría y ganas de seguir aprendiendo. Lograr abrazar su sombra fue abrazar su oscuridad, aquello que le avergonzaba y le posibilitó crecer en espiritualidad aceptando la gracia sanadora de Dios; que se vio reflejada en su **sentido del humor**, donde su sombra se refugiaba, el aprender a *examinar lo que decía de sí misma* con humor o lo que le hacía reír le ayudo a conocer sus rigideces, aprendió reírse de ella misma y volverse más flexible, imperfecta y más humana. Aceptando que lo que le pasaba a ella también les pasaba naturalmente a otras personas, le permitió se más tolerante consigo misma y poco a poco ayudar a otras mujeres a través de una mayor comprensión porque ella había experimentado el dolor del abandono y se había encontrado siendo la más tirana con ella misma porque no podía perdonarse esa humillación, su enorme ego se veía afectado.

1.1 ¿Qué es el duelo por separación?

Antes examinaremos **¿qué es un adiós?** Cómo lo expone tan sabiamente JOYCE RUPP en su libro ‹Orar nuestros adioses› (San Pablo, 2004, Pág. 23). *"Es un lugar vacío dentro de nosotros. Es cualquier tipo de situación en la cual existe algún tipo de **pérdida**, algo que queda incompleto, cuando en nosotros se produce un hueco que pide a gritos que se colme...nos damos cuenta que ya no tenemos a un **alguien** o un **algo** que dio significado y valor a nuestra vida".*

Se podría interpretar a ese alguien como un hombre que abandona física y emocionalmente a una mujer, dejando la relación, noviazgo, compromiso, convivencia que se había convertido en un algo que para la mujer era <u>su identidad</u> como novia y su vida con él era su proyecto juntos, que ya no lo es más y le deja ese vacío ante la pérdida.

Entonces, "decimos adiós a ...cónyuges...Todas esas decisiones difíciles y esas elecciones que hacemos o experimentamos implican cierta forma de **despedida**." (JOYCE, P. 23)

Es en fin un **duelo por separación** que experimenta la mujer por decisión del hombre donde siente la pérdida de sus sueños o metas construidas en pareja para formar una familia que no se verán cumplidas.

Ana tuvo que aprender a aceptar el adiós por decisión de José, que ella no quería porque había invertido en su proyecto juntos, un proyecto que estaba en la cabeza de Ana, como un castillo en el aire sin bases. Ella era la novia de un exitoso empresario, un hombre persuasivo y pujante en la vida, así es como ella lo veía en el momento de la separación. Ella no quería ver sus mentiras, manipulaciones y engaños, en realidad no estaba preparada para reconocer que él no era la persona que ella había admirado y en la que había puesto sus grandes expectativas. Le tomo casi un año decirse la verdad a ella misma, vencer su resistencia y sacarse el velo de los ojos. Más cuando su ex intentaba volver a recomponer la relación, la iba a buscar a la salida del trabajo cada vez que estaba en la ciudad; siempre había una buena excusa como recuperar algún objeto abandonado, que luego lo volvía a dejar al cuidado de Ana para tener una nueva oportunidad de convencerla. Para ese entonces, Ana ya había identificado sus mentiras, sus gestos, incluso la oportunidad en la que escondió el anillo de casado y por error lo dejo caer al suelo, si increíble a sus ojos que él cayera tan bajo, confirmó que era cierto el sueño que había tenido meses antes. Ana se había despertado a mitad de la noche, con una sensación rara, y como no lograba volver a dormirse pensó en José, luego de varias vueltas en la cama peco en revisar una red social, donde ve una notificación del hermano de su ex con fotos de un evento en una playa caribeña muy lejana, cuando amplia las fotos se enteró que su ex se estaba casando. Recordó la frase que le había dicho una psicóloga amiga *"hay personas que están sincronizadas más cuando vivieron sentimientos muy fuertes"*. Por eso cuando a su ex se le cayó por accidente el anillo que había escondido en el bolsillo de su pantalón, ella no se sorprendió. Lo que no entendía era ¿qué hacía él recién casado en su departamento?, ¿qué buscaba?, ¿qué quería de ella? Cientos de preguntas más se le pasaron por la mente en un instante. Ella solo lo miró y él le dijo muy descaradamente, estoy pasando por un mal momento, solo estoy comprometido y ella me lanzó los platos, no sé porque se enojó tanto. Ana en su interior lo sabía y se compadecía de su esposa porque ella en otra circunstancia de la vida hubiera sido la que le hubiera lanzado los platos a la cara...Seguía recordando la elección que había hecho, sí Ana se había dado cuenta por primera vez en su vida, que ella había elegido no tomar ese tipo de vida, el ser "la Señora de..." en los papeles, "la madre de los hijos del Señor..." Tener una vida de lujos, pero puertas a dentro soportar las infidelidades y engaños. No era esa la vida que Ana había soñado para sí y no era él el hombre que la haría feliz, de allí saco las fuerzas para decirle una y otra vez que no volvería con él. Y en la cara se lo dijo, *yo busco otro tipo de hombre más maduro, con el que crecer a la par, pero principalmente busco el respeto.* Continúo describiéndole al hombre con el que estaba saliendo en ese momento, sin saber aún si era el hombre para ella, pero si sabía que esas cualidades que buscaba no las tenía su ex pareja.

1.2 La Codependencia

Siguiendo con los autores NOREEN CANNON Y WILKIE AU (*Anhelos del Corazón*, Pág. 95-96). Si la persona que sufre es capaz de reconocer que *"la condición de la codependencia es una suerte de cautiverio, un estancamiento en conductas aprendidas de autoderrota o en defectos de carácter que tienen por resultado adicciones, depresiones,* **relaciones problemáticas** *y una insatisfacción crónica. La* **contemplación cristiana** *puede proporcionar una clave para la libertad y curación...En el sentido ignaciano de contemplación activa, con un énfasis en el valor de la imaginación...para ayudarnos a ver las opciones que* **la gracia** *nos invita a tomar en respuesta a los desafíos de nuestra situación vital."*

Por lo mencionado anteriormente la contemplación en soledad permitirá a la mujer darse cuenta que el amor de Dios es el que sana y da la libertad que tanto ansía para **no seguir reteniendo a la persona que la ha abandonado físicamente y/o emocionalmente**, permitiéndole <u>soltar el miedo al rechazo</u>, el volver a ser abandonada o puesta a un lado en próximas relaciones, ese espacio de encuentro con Dios le restituirá la confianza y la seguridad de ser amada por lo que es.

Ana con la práctica de la oración centrante, contemplativa o de silencio llegó a entender que la felicidad que creía tener junto a su ex pareja no era plena, solo le producía insatisfacciones e incrementaba sus inseguridades. A tal punto que llegó a ponerse brackets (aparatos de ortodoncia) para solucionar su problema de bruxismo, que en realidad eran estéticos porque José se lo había sugerido. No parece nada malo, si no fuese que ella ya tenía una hermosa sonrisa, sus dientes no necesitaban ninguna corrección. Pero ella soporto el dolor, las ampollas por darle un gusto a él. Después de la separación, en medio del dolor del abandono, decidió someterse a una cirugía estética porque quería sentirse bien. Unos días antes de la operación fue a consultar con un sacerdote si lo que ella estaba por hacer era un pecado, y él le contesto que no pero que *"se estaba perdiendo una gracia enorme que Dios le regalaba"*. En ese momento lo que interpretó Ana era que podía operarse y así lo hizo, dejando la culpa de lado para tratar de sentirse un poco mejor. Le llevó años entender de que se trabaja esa gracia de la que le hablo el sacerdote, se refería a que ella era hermosa y digna de ser amada, así como era, cómo Dios la creo. Porque si bien la operación para ella le aumento la autoestima, porque recibía más elogios, en el fondo todo era superficial, su inseguridad seguía allí, cuando pudo sanar como ella se veía así misma recupero su amor propio. Y la sanación fue poco a poco en la oración diaria de silencio donde se sentía en éxtasis algunas veces, otras veces se sentía en calma y otras no sentía nada, solo persistía y permanecía en el amor.

A ella le ayudó el conocer que era amada por Dios y este poema en los momentos que se sentía con menos energía:

*"Como un padre que apacigua a un niño leyéndole una historia, Jesús recita para ti el siguiente **poema del profeta Isaías** (49, 14-16):*

'Decía Sion:

<<Me ha abandonado el Señor,

mi dueño me ha olvidado>>.

¿Puede una madre olvidarse de su criatura,

dejar de querer al hijo de sus entrañas?

Pero, aunque ella se olvide,

yo no te olvidaré.

Mira, en mis palmas te llevo tatuada.

Tus muros están siempre ante mí'

(NOREEN CANNON Y WILKIE AU. *Anhelos del Corazón*. Pág. 113)

El recordar este poema en los momentos de ansiedad y miedo, imaginando a Jesús mismo relatar la fidelidad y el gran amor de Dios fue una fuente inagotable de consuelo para una mujer herida porque se sentía abrazada por un gran amor que nunca la abandonaría, aunque el mundo la abandonase ya no le importaría, tenía en si el único amor verdadero.

a) 2. Orando nuestros adioses

Cuando se ora un adiós nace un proceso de comunicación con Dios que a veces, es tan simple *"como ver brillar el lucero en el cielo y sentirnos hondamente unidos con el magnífico Creador. Otras veces es **tan** **premeditado** como el tiempo dedicado a la **meditación,** o tan hondo como los momentos de intenso y profundo **silencio**. Y a veces es tan conmovedor como el angustioso lamento que yace en un corazón profundamente apenado."* (JOYCE RUPP. *Orar nuestros adioses,* 2° ed. Buenos Aires. San Pablo, 2004. Pág. 82)

Ana en los retiros espirituales de silencio aprendió a contemplar la naturaleza, a tirarse en el césped en silencio solo mirando las nubes pasar, abrazar un árbol y sentir la conexión con lo infinito. También empezó a disfrutar plenamente de contemplar el océano en sus viajes, a sentir la brisa del mar y conmoverse al ver la hermosa creación, su corazón se llenaba de momentos felices. Descubrió que le encantaba estar solas, que se sentía plena con sus preciados momentos de soledad que quería disfrutar esos momentos al máximo porque sabía en su corazón que Dios le tenía bellas sorpresas preparadas donde seguiría creciendo espiritualmente.

2.1 Etapas en el duelo por separación.

Como escribió JOYCE RUPP *en su libro* Orar nuestros adioses *(Pág. 80). "La oración de un adiós se compone de 4 aspectos:* **reconocimiento, reflexión, ritualización y reorientación.** *En realidad, los elementos emergen y se mezclan unos con otros."*

Como se observa en la *figura 1-Etapas del duelo girando.* Donde hay momentos que se pueden permanecer girando sobre los mismos sentimientos de **enojo, frustración o desorientación**, dando vuelta sin poder salir de allí en mucho tiempo. Aunque son aspectos para identificar el adiós, resulta interesante verlos como un proceso que se da en cada persona de forma única y que ayudarán a la mujer a sanar acompañada de estas manifestaciones en forma de oración.

Figura 1-Etapas del duelo girando:

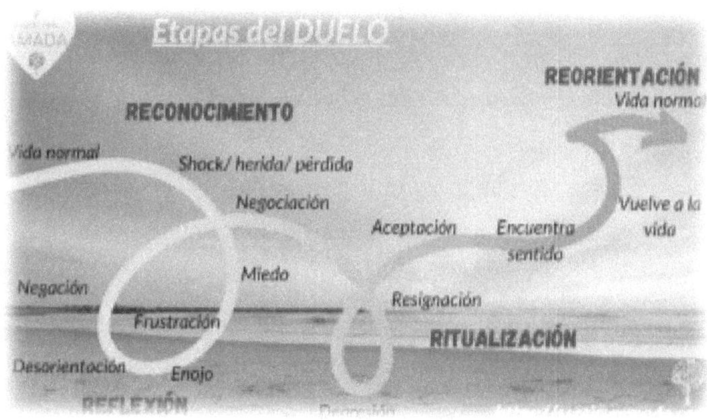

En la siguiente *figura 2-las etapas del duelo transitadas* parecen ir más ordenadas o que avancen más rápido sin tantas vueltas quizás, porque no se llega a percibir tan marcadamente cada etapa, no se permanezca en ellas por mucho tiempo o se avance a la aceptación acudiendo a sus recursos internos o con ayuda de un acompañante para encontrarles sentido y volver a la vida.

Figura 2: etapas del duelo transitadas

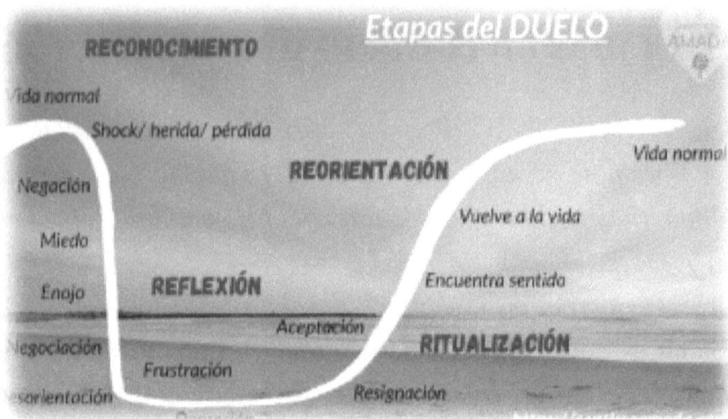

Recorremos cada uno de los cuatro aspectos que menciona JOYCE RUPP a continuación.

Parte 1: RECONOCIMIENTO

En este primer paso *"comenzamos por **identificar o mencionar la pérdida** que hemos experimentado. También nombramos la herida o la pena que nos produjo esa experiencia. En este momento debemos ser honestos con nosotros mismos, pues estanos comenzando el proceso de la oración".* (J. R. Pág. 86).

Para Ana está herida interna ocasionada por el abandono de su ex pareja o el duelo por la pérdida de la relación amorosa y los sentimientos de dolor acompañados por una sensación de ahogo o vacío interior la invadieron de tal forma que era su orgullo, su ego, su identidad la que estaba herida. Esa sensación de abandono la hacían sentir muy pequeña, necesitó ayuda de su psicóloga para reconocer que el dolor era sobredimensionado al surgir su **niña herida** por rememorar inconscientemente las veces que su padre se iba a trabajar y ella se sentía abandonada junto a su madre y hermanos menores. Su padre era conductor de bus de larga distancia, lo que le implicaba estar fuera de casa 5 o 6 días a la semana o meses en algunas ocasiones cuando viajaba a otros países. El reconocer el *origen fundante de su dolor* fue fuente de liberación y paz interior, un punto de partida para la mujer herida que estaba registrando la pérdida sufrida.

Parte 2. REFLEXIÓN

El segundo paso es entregarse a la reflexión, *"es sentirnos cómodos con la serenidad, con la quietud, con la soledad y el estar solos, es no temer **mirar o ahondar** en nuestro interior…Tomamos el dolor de la pena que ya hemos identificado y le prestamos toda nuestra atención"*. (J. R. Pág. 87).

Para conectar con Dios es preciso dedicarle tiempo y descubrir los sentimientos más profundos, aunque muchas veces duela y lastime aún más detenerse a percibir enojos, frustraciones, aridez, desorientaciones y permitirse gritarle a Dios con lo que arde en el corazón herido.

Los <u>Salmos</u> están llenos de sinceras suplicas a los que Ana acudió para orar:

"Ten piedad de mí, Señor, porque estoy angustiado;
mis ojos, mi garganta y mis entrañas
están extenuados de dolor.
Mi vida se consume de tristeza,
mis años entre gemidos" (Sal 31, 10-11)

Y poco a poco en medio de las oraciones, el silencio y sus actividades cotidianas aprendió a escuchar la voz de Dios, serena y dulce que se presentaba algunas veces como un mensaje de una amiga, una canción que le llegaba al alma, un paisaje del atardecer que lentamente permitiría a la mujer encontrar paz, esperanza, entendimiento y aceptación de los acontecimientos vividos.

Parte 3. RITUALIZACIÓN

"Dos elementos componen este ritual:

*a) el empleo de **imágenes o símbolos**, y*
*b) la utilización de ciertos **actos** en nuestras oraciones.*

Estos dos elementos nos servirán para representarnos alguna de las penas que nos acosan". (J. R. Pág. 90)

En la vida cotidiana hay cosas que pueden ayudar a representar el dolor como una caja de recuerdos, una cadenita que permitan ser instrumentos de oración, o un abrazo a un ser querido que permita bendecir y atravesar la barrera de la amargura y desesperación. Esto último fue lo que sostuvo a Ana en su peor momento, su madre viajo mil kilómetros desde su ciudad natal para acompañarla en el momento de buscar un nuevo departamento para no seguir viviendo en el mismo lugar que había compartido con su ex, él ya se había marchado con la mayoría de sus cosas. El abrazo sanador y la compañía de su madre la animaron a seguir, a encontrar un nuevo hogar donde rehacer su vida. Sus consejos y cuidados la llenaron de amor cuando más lo necesitó, mientras visitaban innumerables departamentos, embalaban sus muebles que habían elegido juntos, separaba los objetos de él que ya no quería seguir teniendo a la vista, calculaba si podría afrontar sola los nuevos costos de vida mientras recordaba las palabras de su ex, apenas se habían mudaron a ese departamento y dividían los gastos que para ella representaban un peso mayor que para su ex, cuando él dijo más de una vez *"vos estás acostumbrada a ahorrar, ahora vas a tener que gastar"*, eso ella lo sintió como una daga en el pecho. O como cuando el dueño del departamento al recibir las llaves y el dinero que pagó como multa por haber cancelado antes el contrato del alquiler le dijo *"no puedo creer que él te hacia pagar la mitad de los gastos del departamento, acaso ¿no era un empresario exitoso?"*; eso también le dolió porque era otra daga que removía la herida. En fin, ese día de entregar las llaves del departamento, también estuvo su mamá ayudándola a limpiarlo y arreglarlo para entregarlo en buenas condiciones. Recuerda la experiencia de tomarse el subte en dirección a su nuevo departamento y al bajar pasar por una capilla, aún con el balde y escurridor en mano, para rezar y agradecer por haber tenido las fuerzas en dar los primeros pasos a su nueva vida junto a la compañía de su madre quien estuvo varios meses con ella hasta verla instalada y sobrellevando las penas cada día con menos lágrimas y tristeza en los ojos del alma.

En la *figura 3, las etapas del duelo* reflejan cuando la mujer pasa por varias caídas, algunas más marcadas que otras, donde solo la resiliencia obtenida con oración la ayudará a levantarse una y otra vez, siendo cada vez más fuerte y sabia en su accionar.

Figura 3: etapas del duelo manifiestas

Parte 4. REORIENTACIÓN

"Las imágenes que empleamos conectan nuestro mundo externo con ese mundo interno de nuestro ser donde reside lo divino...nos conectamos con Dios...Nos estamos reorientando, vamos serenamente hacia la curación." (J. R. Pág. 95)

Allí es donde se produce la conexión con el Dios del amor y nuestro dolor, se recibe la certeza y el valor para seguir avanzando. En esa aceptación que es acompañada por Dios todo cobra sentido nuevamente.

Ana atravesó estos cuatro pasos una y otra vez durante varios meses hasta aceptar su dolor como parte de su ser resiliente que la reorientaba a su nueva vida, una más plena, feliz y alegre en la que logro formar su propia familia, conoció a su esposo y tuvieron un hermoso hijo. Su historia de resurgir de las cenizas es con final feliz, pero como todo en la vida real con días mejores que otros. Parte de su sanación fue con su esposo, quien en la etapa de noviazgo la ayudó a afrontar sus miedos, porque todo lo anterior la había estado preparando para abrirse a recibir lo bello de la vida, *el cielo en la tierra en el ahora.*

Lo anterior no significa que, no estuvo atravesado su camino por dudas, miedos de volver a sufrir lo mismo, a estar destinada a estar siempre sola, pensamientos que asimiló estaban ahí pero no significaban que fueran reales, había cambiado el interior de Ana para mayor bien. Recuerda un pensamiento que tenía antes de conocer a su esposo, ella se decía *"el hombre destinado para mí en estos momentos está pasando por su propio dolor, sanando sus heridas para estar listo para mí cuando nos conozcamos"* y no mucho tiempo después pudo confirmar ese pensamiento.

a) 3. Recuperar la alegría

Viene de la mano de ver el duelo del abandono como un crecimiento, en el proceso constante de una **bienvenida-adiós-bienvenida.**

Durante sus desplazamientos, Jesús se encontró con muchas personas que padecían pérdidas en sus vidas, *"gente que se sentía perdida o rechazada...mujeres que habían padecido grandes dolores físicos y emocionales; toda clase de gente cuyos corazones cargaban todo tipo de adioses. Jesús fue misericordioso y sufrió con ellos...se acercaba a ellos y le daba la* **bienvenida a la buena salud,** *a la nueva revelación del cuerpo o del espíritu, al bienestar mental o emocional, y la renovada vida interior".* (J. R. Pág. 49)

Porque Jesús padeció también el dolor de ser rechazado, de no ser aceptado y del desamparo total. Y su ascensión es una proclamación de 'bienvenida' que nos demuestra que cuando los **adioses** inevitablemente se presentan, se puede crecer a través de ellos. *"Y descubrir inmensos depósitos de capacidad de recuperarnos, de vitalidad, fidelidad, amor y resistencia".* (J. R. Pág. 58)

Esta nueva imagen que conocería Ana de Jesús la acercó más a Él, lo sintió su hermano, maestro y Señor a quien acudía para que se compadeciera de ella en medio de su dolor. Para ese entonces ella tenía 34 años y quería volver a sentir alegría en su interior, quería volver a reír a carcajadas sin importarle el qué dirán, pero no sabía cómo. Busco ayuda y reconoció las herramientas y recursos que tenía dentro para reconstruirse, vivir en fidelidad a ella misma, a sus valores y andar su propio camino en armonía y coherencia.

3.1 Nuevas melodías brotan del corazón.

"Existen aquellos que sintieron que todas las canciones de sus corazones habían muerto, que se agotaron todos los caminos que ellos conocieron y no podían seguir avanzando. Luego se produjo dentro de ellos una especie de resurrección, y descubrieron 'nuevas melodías' y la maravilla de 'nuevos caminos.'" (J. R. Pág. 99)

Cuando se atraviesa un proceso doloroso llega un momento de avanzar, de permitir nuevas melodías que broten del corazón. A cada mujer le lleva un tiempo, puede necesitar años o lograrlo en algunos meses, como seres únicos no se podrían comparar los tiempos, lo importante es seguir avanzando en el camino a recuperar la alegría de vivir, el entusiasmo, el dinamismo interior. Aprendiendo a soltar las viejas seguridades que la amarran, o los recuerdos dolorosos que hieren su corazón para ganar la libertad de avanzar y recobrar la esperanza reconfortante.

Ana buscó actividades que le permitan liberarse de la angustia, empezó a correr y participo de una carrera. Decidió practicar Taichí un día que, caminando en el parque junto a su perrita, divisó un joven que la atrajo al visualizar su solitario ejercicio en medio de los árboles, le cautivo su paz y la armonía de los movimientos. Esperó a unos metros de distancia por unos minutos a que terminase de ejercitar antes de acercarse a hablarle, pero no se animó a dar más que unos pocos pasos y la detuvo su timidez; él la vio y luego de terminar su rutina emprendió rumbo hacia donde ella estaba sentada. Se detuvo a jugar con la perrita y fue entonces que Ana le preguntó *¿qué es lo que estabas ejercitando?*, él amablemente le explico que era Taichí y que podía enseñarle si ella quisiera, mientras la luz del sol iluminaba sus ojos verdes, una sonrisa se dibujó en el rostro de Ana al instante que acordaron el siguiente sábado encontrarse en el mismo lugar a ejercitar. Cuando ella regresaba a su departamento pensaba *¡qué loca estoy!* No se creía capaz de vencer su timidez, ella empezaba a elegir en lugar de esperar a ser elegida por otro; aunque hay que reconocer que recibió la ayuda de su perrita.

3.2 El dolor y la alegría

La mujer que está pasando por el dolor del duelo por abandono, como dice ANSELM GRÜN en su libro *Recuperar la propia alegría* (Navarra, Verbo Divino, 2013, Ebook pág.132) *"puede experimentar a menudo que su dolor se transforma en alegría. Una mujer siente de vez en cuando una profunda tristeza. Mientras no adopta una actitud ante esa tristeza, no va adelante en su trabajo...Sólo de este modo el dolor se transforma en una vitalidad y alegría...Evidentemente, la **disposición** para **aceptar el dolor y la capacidad de sentir alegría** se hallan íntimamente relacionadas".*

Ana al tomar las clases de Taichí se disponía a sentir nuevamente ilusión, ganas de conocer a otra persona, asumir nuevas aventuras, a vivir aceptando lo que la vida le tenga preparado, obviamente quería que funcione y no podía evitar ponerse muchas veces una coraza para protegerse, sin embargo, seguía adelante. Le gustaba recordar una frase del Papa Francisco que hablaba sobre la capacidad de sonreír, *"**la sonrisa es la flor del corazón, sobre todo cuando es gratuita**"*, la sonrisa fresca y el sentido del humor.

♥❖ *"la sonrisa es la flor del corazón, sobre todo cuando es gratuita"* ❖♥

Por eso muchas veces Ana terminaba riéndose de ella misma sobre todo cuando se daba cuenta que con el instructor de Taichí no había posibilidades de construir algo juntos más allá de la relación de profesor-alumna. Si bien practicar Taichí le ayudo a conectarse con Dios en la naturaleza, era hermoso estar bajo esos imponentes árboles en el parque, verlos moverse con la brisa, sentir que no estaba sola, escuchar los pájaros cantar y saber que Dios le regalaba esos minutos. Sentir el sol que la abrigaba, mientras practicaba los movimientos lentos o se quedaba inmóvil solo percibiendo. Aun cuando le dolían los brazos y le temblaba el cuerpo por la falta de costumbre al ejercicio arduo, amó las clases de Taichí en el parque, los pocos sábados que asistió a los bosques. Venciendo la molestia que atormentaba sus incansables pensamientos... el saber que no había baños cercanos y aunque en ningún momento pasó algo vergonzoso el temor a que pase siempre estuvo enturbiando los momentos de gozo, venció el miedo a vivir situaciones comprometidas y cada vez era una batalla ganada, no la guerra.

También se reía de las innumerables primeras citas a las que no le dio una segunda chance. Se dio cuenta que disfrutaba más de su propia compañía, de un buen libro y un rico mate en solitario.

3.3 La revalorización de los sucesos

*"Las emociones valoran los sucesos. Para poder cambiar las emociones debemos **observar atentamente** si nuestra valoración corresponde a la realidad"* (A. GRÜN pág.63) y si puedo lograr *"adoptar una **actitud creativa** ante las cosas que me vienen dadas previamente...y depende de mí la manera que tenga de valorar las cosas".*

El libro de Eclesiastés dice con toda razón: *"Todo tiene su momento y cada cosa su tiempo bajo el cielo: tiempo de llorar y **tiempo de reír**, **tiempo de duelo** y tiempo de bailar"* (A. GRÜN pág.64).

Tampoco de se trata de presionarse para estar siempre alegres y si de observarse para no perder de vista la alegría por andar girando solo alrededor de sí mismas. Se necesita fantasía y creatividad para emprender algo nuevo y transmitir "la Buena Nueva. La alegría tiene que ver con la vida, con la movilidad, con el fluir a torrentes, con la relación." (A. G. pág.65).

La alegría, como señal de auténtica espiritualidad, se muestra en "la alegre serenidad y el buen humor como estado de ánimo fundamental" (A. G. pág.66) que irradian de una persona.

"Cuando movido por **la alegría de vivir**, ayudo a otra persona...De las personas que están alegres dimana algo que sana y libera". (A. G. pág.67).

Y así fue justamente como Ana empezó a participar de un grupo de voluntarios que ayudaba a las personas en situación de calle, asistía una vez por semana a escuchar los pesares de los hombres y mujeres que no tenían hogar que visitaban la Parroquia Sagrada Eucaristía cercana a su nuevo departamento. Llegó a ser coordinadora del grupo de voluntarios porque el director de la fundación le parecía un hombre admirable. En una oportunidad se cruzaron en la calle, cerca del trabajo de Ana, y él la saludo con tanto cariño que no podía sacarse de la cabeza su expresión de afecto y sus buenos modos para con ella. También se encontraron por casualidad en varias oportunidades en la misa de la Basílica Nuestra Señora de la Merced cercana a su trabajo y ella comenzó a ilusionarse con estar al lado de un hombre con esas cualidades. Sin saberlo en su corazón nacía el deseo, que después entendió que Dios plantaba el deseo en ella de estar cerca de un hombre de fe. Ese sueño no se concretaría con el hombre de la fundación sino con su futuro esposo.

3.4 La fuerza revitalizadora de la alegría

*"Dios es vida que corre a torrentes, **amor que fluye sin cesar**…El agua, que fluye y fluye, tranquiliza. Nos muestra que todo pasa, que a todo se lo lleva la corriente."* (A. G. pág.33).

Así la mujer puede imaginar que los insultos, manipulaciones, mentiras y gritos de su ex pareja son llevados por el agua y no tienen más poder sobre ella.

*"El agua que fluye es símbolo de la vida y de la **renovación de la vida**"* (A. G. pág.34).

Si la mujer logra descubrir a Dios como la fuente cristalina, manantial de todo su ser, que hace que la vida florezca su alegría recobrará con fuerza.

Ana se reconoció en esta expresión de Dimitri Conejo Sanz:

♥❖ *"**Dios me parece un 'crack'**, porque lo tiene todo tan bien pensado. Mi vida es un cúmulo de varios errores que Dios los convirtió en algo perfecto. Si tuviera que ver mi vida en un plano general, diría que es una* ***obra maestra"*** ❖♥

Sintió que identifica el sentir de una mujer abandonada en la etapa final del duelo reconciliada consigo misma y con la vida. Reconociendo los innumerables errores como aprendizajes que la hicieron madurar, renovarse, crecer en nuevos dones y carismas que antes estaban ocultos, pero siempre estuvieron ahí esperando el momento oportuno para ver la luz. Para una mujer que se reconocía perfeccionista era un gran paso reconocerse a ella misma que había cometido muchos errores. Antes, cuando su ex le decía *"vos no sos perfecta"* ella se sentía dolida, humillada porque no quería ser una mujer perfecta simplemente quería hacer lo correcto lo que su conciencia le dictaba.

b) Abordaje desde el acompañamiento espiritual

b) 1. El acompañamiento espiritual de mujer a mujer

Como dice Inés Ordoñez De Lanús en su libro *Acompañamiento Espiritual- Hacia la plenitud del amor* (Bs. As. Ed. Camino al Corazón 2010 Pág. 114)

♥❖ *"El acompañamiento de mujer a mujer, nos abre a la maravilla de poder compartirnos y narrarnos en **nuestro propio lenguaje**"* ♥❖

Al apreciar que la acompañante te entiende porque habla tú mismo lenguaje se abren nuevas puertas al corazón, por haber vivido experiencias desde el mismo sentir mujer. Entender las crisis desde las costumbres o mandatos que se transmiten de mujer a mujer generación en generación.

Es *"Acompañarla a **atravesar las crisis** propias del amor...Ayudarla a descubrir en el dolor la trascendencia y el desafío de superarnos a nosotros mismos...La madre espiritual enseña a la mujer que acompaña, a contemplar los grandes **misterios** de su vida".* (I. Ordoñez Pág. 115)

A contemplar la presencia del amor de Dios Padre y Madre, al que se puede acudir en busca de consuelo en los momentos de dolor, angustia y miedo por medio de la oración contemplativa en su vida cotidiana mientras cuida a sus hijos, trabaja fuera y dentro su hogar. *"¡Qué consuelo y qué **alegría en el corazón** de la mujer cuando descubre esta cercanía de Dios Amor en la sencillez de su vida!".* (I. O. Pág. 116)

El acompañamiento es mutuo, aprenden unas de otras, tanto acompañante como acompañada se enriquecen del momento en el que abren su corazón, una para dar y otra para recibir compartiéndose sus vidas en presencia del Espíritu Santo.

"Por medio del acompañamiento espiritual nos acompañamos mutuamente en el camino al Corazón de Cristo" (I. O. pág. 48). Donde

la confianza y el sigilo permiten caminar paso a paso *"e ir descubriendo* ***el gozo y la alegría de vivir****... el cielo en la tierra cuando nos decidimos radicalmente por el amor y el perdón"* (I. O. pág. 19*).*

En este ambiente sagrado es posible superar el duelo del abandono decidiendo por el amor y el perdón al otro y a una misma con la gracia de Dios que quiere para la mujer el disfrute de vivir el cielo aquí en la tierra. Entender que se empieza a gozar un pedacito del cielo aquí, ahora y no que venimos a este mundo para sufrir y solo esperar para disfrutar plenamente cuando nos vayamos al cielo. **Libera a la mujer de la culpa de no permitirse ser feliz** cuando llegan esos momentos de alegría porque según su experiencia pronto se acaban. El acompañamiento permite atravesar esas sombras y da las herramientas para un mayor gozo y bienestar.

b) 2. El autoconocimiento desde los 5 espacios

Los cinco espacios como lo define Inés son ***"Pensamientos-palabras-obras-sentimientos y emociones- cuerpo y sensaciones."*** *(I. O. pág. 65).*

Espacios donde se acompaña a la mujer que sufre el duelo en todas las dimensiones o espacios de su SER mujer. *"La unificación de todos ellos es la tarea que realizamos conjuntamente con el Espíritu para nuestra* ***plena liberación...****Para atravesarlos y para recorrerlos necesitamos una sincera actitud de amor y* ***respeto*** *hacia nosotros tal como somos".*

La mujer aprenderá a aceptarse tal como es y recorrer cada uno de sus espacios para experimentar el amor de Dios que va *sanando cada una de sus partes rotas* antes, durante y después del abandono de su expareja para moldear una mejor versión de ella, más madura y bella en todos sus aspectos. Cómo el alfarero que moldea el barro para crear una vasija. En el caso de la mujer abandonada, que se siente rota, en pedazos, el alfarero la vuelve a unir esta vez con oro para reconstruir una vasija única en su tipo. Asimilará y se reconocerá más hermosa luego de lo que vivió.

La acompañante espiritual ayudó a Ana a poner en palabras aquello que pensaba y principalmente caminó a su lado para que ella misma logre vivir en coherencia y armonía con lo que sentía, decía y hacía, valorando sus propios dones. Este autoconocimiento le permitió conocer su estado interior y la necesidad de expresarlos a su acompañante, quién le aconsejo que le sería de mucha utilidad un **cuaderno de oración** para que por medio de la escritura diaria logrará sacar sus pensamientos a la luz.

Ana como acompañada manifestó sus quehaceres, intenciones y motivaciones, narrando su proceso interior que acompañaba su actividad y así a su acompañante pudo ayudarla a darse cuenta y discernir si su voluntad era conforme a la voluntad de Dios, animándola a obrar respecto a su conciencia.

La acompañante espiritual la ayudó a *tomar **conciencia de sus emociones** y a ser capaz de nombrarlas, a reconocer como las expresa en sus relaciones y de qué manera sus emociones se integran con los otros espacios de sí* misma. Para identificar si había una **disociación** entre lo que sentía emocionalmente, corporalmente y lo que pensaba respecto a la perdida que sufrió, al sentirse rechazada, frustrada en la ruptura o abandono y lograr caminar hacia lo que sentía en su corazón, donde estaban las heridas más profundas.

El cuerpo de la mujer refleja sus sentimientos *"nos habla del **miedo, del dolor**, la vergüenza, el enojo, **la alegría, el gozo, la felicidad.** Dejarnos sentir todo lo que cuerpo nos comunica es un arte."* (*I. O.* pág. 87).·

La imagen que tenía Ana de su cuerpo estuvo muy relacionada con su autoestima, que al haber sido dañada en el proceso de separación con el acompañamiento pudo ser reparada ayudándole a "tener una **nueva mirada** sobre su propio cuerpo hasta interiorizar amorosamente que su cuerpo está **creado con amor y para amar**". (*I. O. p*ág. 90).·

b) 3. Camino de oración (contemplativa)

Cuando la mujer está atravesando el proceso de duelo por abandono la oración le enseñará a contemplar a Dios, escucharlo y dialogar con Él.

*"**La oración contemplativa** nos regala la maravillosa experiencia de ir conociéndonos en lo que verdaderamente somos...nos enseña a silenciarnos...Nos determina a no quedarnos a mitad de camino cuando experimentamos la angustia de no saber quiénes somos o adónde vamos".* (I. O. pág. 60)

La acompañante fue para Ana su **maestra de oración**, para integrar la oración en su vida, a descubrir un lugar privilegiado para estar con Dios, celebrar su Presencia, escucharlo, meditar y contemplar su Palabra. La animó a que ella misma se presente ante Dios y sea capaz de entregarle su vida para dejarlo obrar, que se haga Su voluntad en ella como su hija amada y predilecta.

∞∞∞∞∞∞∞

Ejercicio del Capítulo: Me miro con amor y dibujo mi cuerpo

Para hacer este simple ejercicio te propongo que practiques a cada instante *quedarte en tu corazón*. Tu cuerpo y tu SER completo es tu templo, al percibirte y cuidarlo permitirás a la Luz de Dios, creador y dador de vida, penetre y permanezca para convertirte en canal luz, construyendo tu nuevo camino cada día por medio de tus decisiones y acciones.

Examina detenidamente las dos figuras a continuación. La primera figura es la de una niña y la otra es de una mujer adulta.

Figura 4: niña o adolescente

Figura 5: mujer adulta

El ejercicio consta de dos partes donde contemplaras tu cuerpo de niña y/o adolescente y luego tu cuerpo actual de mujer adulta.

Parte 1 ◄ HACIA ATRÁS. ANTES.

En la primera parte de la práctica, regresarás en el tiempo para recordar cómo eras ANTES.

Pregúntate: **¿Qué dolencias o enfermedades enfrentaste en la infancia o en la adolescencia?**

Dibuja la figura de una niña, tu SER de niña.

Traza 2 líneas horizontales, cómo se visualiza en la próxima *Figura 6: niña con dolencias anteriores*. Una línea a la altura de los hombros y la segunda línea a la altura de cintura aproximadamente.

Sintoniza con tu corazón de niña, percibiendo todo lo que sentiste en esa etapa, comenzando por la parte superior de la figura de tu niña divina.

Pregúntate, por ejemplo, si ¿te solía doler la cabeza, te mareabas 😵 con frecuencia en el viaje en auto o en bus?

Si te animas a ir más atrás en el tiempo, te propongo busques ¿desde cuándo te suceden los mareos? ¿hubo alguna situación o experiencia que pudo desencadenar? ¿cuándo eras pequeña? ¿con quién estabas? ¿con mamá o con papá?

Luego contempla la parte media de tu cuerpo tratando de recordar que dolencias te aquejaban, dolor de estómago, acidez, son sólo ejemplos.

Y por último de la cintura para abajo, ve anotando al lado de tu dibujo todo lo que recuerdes, si te lastimaste la rodilla o fracturaste en algún momento de tu niñez es importante que lo registres y tomes nota.

Figura 6: niña con dolencias anteriores

Parte 2 ▸ ME MIRO HOY.

Esta segunda parte de la práctica consiste en mirar mi cuerpo cómo es en el presente más cercano.

Pregúntate: **¿Qué dolencias o enfermedades enfrentas en la actualidad o recientemente?**

Dibuja tu figura de mujer adulta cómo te ves ahora. Revisa la Figura 7: *mujer adulta con dolencias actuales* para ayudarte.

Traza 2 líneas horizontales, sobre el nuevo dibujo. Recuerda la línea superior a la altura de los hombros y la inferior a la altura de cintura.

Percibe tu cuerpo a través de tu corazón y pregúntate ¿cómo te sientes ahora? ¿tienes miedo? ¿en qué parte de tu cuerpo lo sientes? ¿sufres de hipotiroidismo?

Luego contempla la parte media de tu cuerpo tratando de recordar que dolencias te aquejaron en los últimos meses o años.

Y por último de la cintura para abajo, ve registrando todo lo que recuerdes.

Figura 7: mujer adulta con dolencias actuales

Los puntos anteriores te ayudarán a identificar de dónde proviene por ejemplo el **miedo**, para trabajarlo y alcanzar una vida mucho más plena.

Si identificas que padeces mareos frecuentes, en el fondo tienen que ver con el miedo de **"no poder controlar el rumbo de tus pasos"**, quizás porque te sientes pequeña, pero recuerda que ahora eres adulta y si puedes tomar tus propias decisiones, tomar el mando de tu vida.

Cuando sentís que se te mueve el piso por alguna situación o cuando estás viajando sobre un medio de transporte que no conducís. Los temores tienen salir por algún lugar y por ello se reflejan en el mareo que sentís.

En la experiencia de Ana le ayudó practicar un mantra o frase diaria que colocó sobre el espejo del baño como recordatorio para convencer a su mente de la nueva realidad que quería crear en su vida, está fue su afinación diaria:

♥◇ *"En vos Confío Dios. Todo lo que sucede es para mi mayor bien, aunque ahora no lo pueda entender ni comprender ni aceptar. En tus manos encomiendo mi espíritu porque soy la niña de tus ojos"* ♥

Si en tu interior despiertas un día con la sensación de sentirte pequeña, vulnerable, podría indicar un **miedo a que te atrapen**, a perder tu libertad. Entonces te ayudaría trabajar en la seguridad de que eres un ser libre, que se mueve con comodidad, repite una y otra vez ese día:

♥◇ *"Yo puedo elegir qué ACTITUD tendré ante esto que me sucede. Soy libre de elegir como me afecta. Soy digna de ser amada, así como soy hoy"* ♥♥

Uno de los libros que inspiraron a Ana fue el de Viktor Frankl *"El hombre en busca de sentido"* donde él cuenta cómo sobrevivió a los campos de concentración **eligiendo que actitud tomar** ante situaciones que no podía cambiar.

Si el miedo que está detrás de tus mareos tiene que ver con la sensación de no estar al mando de tu vida, como el miedo al descontrol, a que las cosas vayan a salir mal y no puedas hacer nada por cambiarlo. Es común que aparezcan estos mareos en momentos de mucho estrés, cuando se avecina algo importante que depende de ti y parezca estar escapándose. En esos casos, lo que necesitas trabajar sobre todo es esta idea de que "lo único que puedes estar al mando siempre, es de tus pensamientos". Porque las cosas a tu alrededor pueden ir bien o pueden salir mal. No depende de ti. El mundo seguirá girando el día que no estés. Pero tus pensamientos, esos sí son tu dominio personal. Repite alguna frase como la siguiente:

♥◇ *"Yo siempre estoy al mando de mis pensamientos. Estoy a salvo en los brazos de Jesús. Me amo y me apruebo"* ♥

Cuando no logras encontrar tu centro, te has movido demasiado, yendo de aquí para allá sin tener el control de lo que estaba pasando, como viviendo sin referencias, como sintiéndote perdida. Tal cual fue el caso de Ana, quién solía disgustarse porque no le gusta que la muevan, ni en su trabajo ni en su casa materna ni sus amistades. Interpretaba como real o como simbólico cualquier movimiento de ideas, cambio de pensamientos...de planes y se le presentaba internamente el conflicto de control, miedo a no estar al mando, porque *"sentía que otros llevaban su vida y no podía remediarlo"*. También sentía rencor o enojo cuando *"quería llegar a algún lugar* inmediatamente" y la hacían esperar, aunque sea unos breves minutos. Hasta que no aprendió a permitir a la inteligencia divina obrar y al no interponerse con el fluir natural de las cosas, a abrirse a recibir toda la belleza y dicha que ya estaba lista para llegar a su vida. Recién ahí se quedó con el corazón y el sentir del momento presente, sin rechazarlo era la solución desde su corazón. Todo lo demás se dio por añadidura.

∞∞∞∞∞

El fracaso de una relación nos fuerza a orientarnos de nuevo a aquello que habrá de sostenernos. El sufrimiento puede ser la puerta de acceso a ulteriores estados de crecimiento pues, sin quererlo, nos fuerza a aventurarnos en zonas que de otro modo nunca visitaríamos.

La contemplación proporciona una clave para la libertad y curación. La imaginación para ayudarnos a ver las opciones que la gracia nos invita a tomar en respuesta a los desafíos.

Todo lo anterior la había estado preparando para abrirse a recibir lo bello de la vida, el cielo en la tierra en el ahora.

La disposición para aceptar el dolor y la capacidad de sentir alegría se hallan íntimamente relacionadas.

Capítulo IV- Cómo superar una ruptura

En este capítulo se realizó un trabajo de campo para incorporar nuevas herramientas que contribuyeron a avanzar en el proceso de duelo a tantas mujeres que buscaron ayuda para sanar o al menos mitigar su dolor. Se resumen dos entrevistas y una charla TED con visiones muy interesantes de tres psicólogos expertos en el tema.

a-Observación evento TED de Guy Winch

Al consultar la charla TED del psicólogo Guy Winch efectuada en 2017 cuando abordó el tema de "**<u>Cómo superar una ruptura amorosa</u>**" (Recuperado de https://www.ted.com/talks/guy_winch_how_to_fix_a_broken_heart)es posible rescatar los siguientes puntos principales de sus más de 20 años de experiencia.

Guy Winch explicó que "*la superación de una ruptura amorosa comienza con la <u>decisión</u> de luchar contra el instinto de idealización y de la búsqueda de respuestas inexistentes. Para ello, nos sugiere* ***las herramientas*** *que nos ayudarán a salir adelante. Puede que nos destrocen el corazón, pero no por eso habremos de destrozar nuestra vida*".

Me parece interesante destacar de la expresión anterior "*la decisión*" punto que coincide con las herramientas del "***Camino al Corazón,*** *cuya primera etapa DECIDIÉNDONOS tiene que ver con la libertad de cada persona*" (Licha Palazuelos. "Cómo vivir DESPIERTOS a nuestras decisiones" 2018 Santa María Centro de Espiritualidad. Recuperado de http://www.comunidadsea.org/vivir-despiertos-nuestras-decisiones)

Desde lo más íntimo de la mujer nace la decisión que luego deberá sostener una y otra vez, desde donde sacará las fuerzas necesarias para estar más despierta a su presente, dándose cuenta de lo que quiere para su vida y eligiendo cómo quiere vivirla.

Las cinco preguntas siguientes rescatan prácticas que facilita Guy para superar un rompimiento y complementar el acompañamiento:

O1: ¿Por qué será que **nos desorientamos** cuando intentamos recuperarnos de una decepción amorosa?

Para comprenderlo mejor Guy comienza relatando el caso de una mujer que planea un proyecto de vida, que consiste en comprometerse, casarse y que busca una relación que colme sus expectativas. Pero**, ¿qué pasa si el novio decide terminar la relación?** Ella termina devastada, con el corazón roto y teniendo que enfrentar la recuperación. Y cinco meses después de la ruptura, sigue con el corazón destrozado.

> Entonces la pregunta es: *¿por qué? ¿Por qué esta mujer tan increíblemente fuerte y decidida no tenía la capacidad de usar los mismos recursos emocionales que la llevaron a enfrentar cuatro años de tratamientos para el cáncer? ¿Por qué será que los mismos mecanismos de defensa que nos permiten enfrentar todo tipo de desafíos en la vida fracasan tan rotundamente cuando atravesamos una ruptura amorosa?*

Y la respuesta que da Guy Winch es que "en más de 20 años de práctica a nivel privado, ha visto enfrentar el desamor de diversas maneras, y aprendió lo siguiente: cuando atravesamos una ruptura sentimental, los mismos instintos en los que siempre confiamos son los que nos llevarán por el camino equivocado una y otra vez. **Simplemente, no podemos confiar en lo que la mente nos dice".**

> **O2:** ¿Qué impulsa a una mujer a buscar durante tantos meses una **explicación** a lo que sucedió? ¿Por qué la mente de la mujer la engañaba, lanzándola a una búsqueda infructuosa?

Guy afirma que "La decepción amorosa es mucho más insidiosa de lo que creemos. Existe una razón por la cual nos empecinamos en cometer un error tras otro, aun sabiendo que nos sentiremos peor.

Estudios realizados con el cerebro muestran que la pérdida del amor romántico activa en el cerebro los mismos mecanismos que los de un adicto al que se le retira sustancias como la cocaína. **La mujer atraviesa un período de abstinencia".**

Entonces, las herramientas serían:

Debemos "reconocer" que, por imperiosa que sea la necesidad, con cada viaje hacia el recuerdo, con cada texto enviado, con cada segundo invertido en espiar al ex en redes sociales, estaremos *alimentando la adicción*, profundizando el dolor emocional y complicando la recuperación. Superar una ruptura sentimental es una lucha, y nuestras razones son las mejores armas.

No existe explicación de la ruptura que nos conforme. No hay lógica alguna que pueda suprimir el dolor que sentimos. Por eso, **no busquemos una explicación**, no esperemos una, simplemente "aceptemos" la que nos dan o fabriquemos otra y dejemos las preguntas de lado, porque necesitamos ese cierre para resistir a la adicción.

Y es necesaria otra cosa también: debemos estar dispuestos a "soltar", a aceptar que se acabó. De lo contrario, alimentaremos nuestra mente de esperanzas y haremos un retroceso.

O3: ¿Por qué **idealizamos a la persona** que nos abandonó?

Una de las tendencias más comunes en una ruptura amorosa es idealizar a la persona que la ocasionó. Lo único que logramos así es profundizar el dolor de la pérdida. Entonces como herramienta para evitar la idealización, debemos lograr un equilibrio **recordando lo mal que nos hizo sentir**. Lo que aconseja Guy a sus pacientes es que:

-hagan una **lista detallada** de todas las veces que esa persona se portó mal con ellas, de todas sus cualidades negativas, de todas sus manías,

-y que la **guarden en el teléfono móvil** para acudir a ella ante la nostalgia.

O4: ¿Es probable que **no rindamos como siempre** en el trabajo?, que hasta lo más simple se vuelva cuestas arriba?

Otra consecuencia de la ruptura amorosa es que la soledad y el dolor pueden afectar significativamente el funcionamiento intelectual, especialmente en tareas complejas de lógica y razonamiento. Incluso temporalmente, **se reduce el coeficiente intelectual.** Y afectar a nivel laboral no solamente la intensidad del dolor, sino la duración. La persona está confundida por eso y hasta avergonzada, se pregunta: **"¿Qué me está pasando?"**, ¿Qué adulto se pasa casi un año tratando de superar una relación de un año?" De hecho, a muchos adultos les sucede.

O5: ¿La ruptura amorosa es vivida como **una pérdida**?

Las rupturas amorosas comparten los síntomas típicos de la **pérdida y la pena: insomnio, pensamientos invasivos, disfunción del sistema inmunológico**. El 40 % de las personas padece una depresión de manifestación clínica. La ruptura amorosa es un daño psicológico complejo que afecta de múltiples maneras. La mujer pierde no solo a su pareja; pierde toda su vida social. Pierde su identidad como pareja. Deja mucho más que un solo vacío.

<u>Para **superar una decepción sentimental**, es necesario:</u>

-identificar estos vacíos en la vida y llenarlos, pero llenarlos a todos.

-Los vacíos de "identidad"; es necesario redefinir quiénes son y qué quieren de su vida.

-Los vacíos en la vida social; las actividades **perdidas**,

-incluso los espacios vacíos en la pared donde estaban las fotografías.

Pero nada de esto servirá si **no evitamos los errores** que pueden llevarnos al punto de partida, la búsqueda innecesaria de explicaciones, la idealización del ex, en lugar de recordar sus errores, la evocación de pensamientos y conductas que aun colocan al otro en un rol protagónico en este próximo capítulo de la vida, **cuando no debería tener ningún papel.**

Superar una ruptura amorosa es difícil, pero si no se dejan engañar por la mente y **toman medidas para sanar**, podrán minimizar el sufrimiento significativamente. Y no serán las únicas en beneficiarse. Compartirán más tiempo con amigas, estarán más relacionadas con la familia y en el ámbito laboral la productividad no se verá tan comprometida.

En definitiva, cuando una mujer está atravesando una ruptura hay que tenerle **compasión**, porque el **apoyo social** es fundamental para su recuperación. Y tenerle **paciencia**, porque procesarlo le llevará más tiempo de lo que se piensa. Y si duele, recordar esto: es difícil, es una batalla dentro de la propia mente, y hay que tener la **voluntad de ganar**. Pero tienen armas. Pueden luchar y recuperarse, como lo hizo Ana.

♥❖ Cuando la mujer está atravesando una ruptura hay que tenerle compasión y paciencia. Si duele, recordar que es una batalla dentro de la propia mente. ❖♥

b-Recopilación de entrevista al psicólogo Walter Riso

Se observó una entrevista al psicólogo Walter Riso referente al tema **"Cómo superar una ruptura"** (Recuperado de https://youtu.be/6EXBT2ajg48), donde señala que la ruptura es un duelo afectivo.

Una separación afectiva, es una pérdida que:

-No está socialmente soportada, porque *no hay un ritual social.*

-Hay esperanza, puerta a la ilusión, donde es más difícil aceptar que no hay forma de volver o *que se acabó.*

-Un desbalance donde quedo mal, porque *yo te necesito más* de lo que tú me necesitas.

Cuán importantes son los 3 puntos que señala Walter anteriormente. Empezando porque las personas alrededor de la mujer que sufre no saben cómo acompañarla o disminuir su dolor, quizás hablen más de su ex pareja, le digan "yo te avise" y un sinfín de justificaciones, cuando la mujer herida lo único que necesita es un hombro donde recostarse y llorar hasta desmayarse en el mejor de los casos.

∞∞∞∞∞∞

Es cierto, no hay un ritual social establecido, aunque paliaría el dolor tratarlo con una ceremonia generando tu propio ritual como lo hizo Ana de la siguiente manera:

Ritual para alguien que termina una relación

Se inicia con una hermosa oración de una mujer que termina una relación. Imaginándose una puerta cerrada.

Es una puerta de madera de roble fuerte, muy pesada y difícil de mover sin usar la fuerza.

Cuando se necesita romper con una relación de amor, decir adiós a alguien o a algo. Puede ser un noviazgo que te hace daño, una amistad que dejó de ser saludable, un viejo recuerdo que te obsesiona.. (¿qué relación terminas?)

Para el ritual de terminación elige una habitación donde te sientas cómoda. Cierra bien la puerta. Siéntate frente a la puerta. Reflexiona sobre la persona, la situación, el recuerdo o el sentimiento al cual necesitas decirle adiós para siempre.

Ana se ayudó orando con *el Salmo 143* adaptándolo a su propio sentir mujer:

> *"Señor, me siento aquí, frente a esta puerta cerrada,*
> *y te suplico escuches mi oración,*
> *atiende mis plegarias.*
> *Tú sabes lo abrumada que me he sentido,*
> *herida por esta situación (o persona),*
> *y como me vienen constantemente los viejos recuerdos.*
> *Mi espíritu en mí desfallece, mi corazón se asusta en mi interior.*
> *Llegó la hora de mi desapego,*
> *de decir adiós, de seguir mi camino.*
> *Enséñame la forma de concluir*
> *esta parte de mi experiencia.*
> *Hazme sentir tu amor, pues en ti yo confío;*
> *haz que sepa el camino que he de seguir,*
> *pues levanto a ti mi alma*

para que, al emprender mi viaje,
pueda conocer la libertad,
la confianza y la alegría de las bondades de la vida nueva.

Después del Salmo 143, escribe una **Carta de despedida** como parte del ritual o ceremonia.

Como dice Joyce Rupp *"Escribe una breve carta de despedida a la persona, al recuerdo o a la situación que estás poniendo fin. Ora por la libertad. Ora por la persona a la que le escribes la carta... Guarda la carta en tu bolsillo. Abre deliberadamente la puerta cerrada. Atraviésala. Sal de tu casa. Vete a algún lugar donde puedas estar sola.... Ora. Lentamente y con atención, rompe la carta y hazla pedacitos, como* **signo de la ruptura de la relación**. *Pon los trozos en la basura, o entiérralos... Vuelve a tu habitación. Deja la puerta abierta, como signo de tu nueva libertad y separación"*.

Puedes orar si te sientes frágil o débil, a pesar de que sabes que estás tomando una buena decisión. Pedirle que pueda cúrate de ese dolor y también que sea curado cualquier otro a quien tú puedas haber herido a lo largo de esta experiencia.

Pedirle a Santa Teresa que te guíe a las nuevas habitaciones de tu vida.

Imagina que hay una puerta abierta hacia tu nueva libertad.

∞∞∞∞∞∞

Continuando con la observación del psicólogo Walter Riso, rescato estás dos preguntas:

O1: El dolor de la pérdida **¿se puede convertir en un crecimiento?**

Si, en un crecimiento postraumático. Donde hay determinadas etapas, para transformarlo en algo positivo.

O2: ¿Cuáles son las etapas de un **sufrimiento útil**?

Primero pasas por una etapa de "**aturdimiento**" y negación. (dónde hay que pedir ayuda)

Después viene una etapa de "**búsqueda**", anhelo del otro (persecución por WhatsApp, internet). Y la *búsqueda de explicaciones, del culpable*, donde hay que responder esas preguntas.

La etapa de la "**ira**", de la culpa, de la "**tristeza**" (dónde también hay que pedir ayuda).

Y finalmente la etapa de "**aceptación**", cuando empiezas a descubrir que puedes ser feliz sin él. "**Hay un desamor que te libera**" y es porque empezas a verte a vos con más seguridad y autoestima. La sabiduría del "**No**". La dignidad y el auto respeto. La autorrealización personal. Hay límites.

"*La desinformación es lo ideal: sáquenlo del Facebook, devuélvale las cosas*" afirma Walter Riso.

Es una excelente perspectiva, el respeto a vosotras mismas, la dignidad, ante todo. Teniendo en cuenta no vivir construyendo castillos en el aire como lo venden en las telenovelas y muchas películas de Hollywood que han hecho mucho mal enseñando un amor equivocado. No es lo normal en las relaciones de amigos y de pareja.

Verificarás por ti misma la calma que da el tiempo, porque lo que alguna vez se sintió como un huracán, era el viento abriéndose camino. Lo superarás, aquello que parecía que nunca iba a suceder, finalmente lo lograrás luego de tanto daño que experimentaste, de allí vendrá la solución, te quitarás el velo y contemplarás tu nueva vida.

Donde la aceptación no es necesariamente pensar que puedes ser feliz sin esa persona, sino que **aceptas que ya no esté**, que haga su vida a tu margen, porque te mereces una vida feliz, sentirte amada, llegando a un nuevo grado de autoconsciencia en tus nuevas relaciones.

c-Cuestionario a la psicóloga y acompañante

espiritual Mónica Lorenzo

(21/07/2020). Con estas preguntas realizadas a la psicóloga y acompañante espiritual Mónica Lorenzo con el objetivo de complementar las observaciones de los psicólogos Guy Winch y Walter Riso para obtener una visión de una acompañante espiritual que asiste a diario a mujeres que pasan por el doloroso proceso del duelo y a quienes ayuda con las herramientas de ambas disciplinas.

Recopilando las 3 preguntas principales:

1: ¿Por qué será que nos desorientamos cuando intentamos recuperarnos de una decepción amorosa? Es decir, ¿Por qué será que los mismos mecanismos que nos permiten enfrentar todo tipo de desafíos en la vida fracasan cuando atravesamos una ruptura amorosa?

*"Habrá primero que ver el **grado de apego** que se tenía con esa persona. Si era una relación demasiado codependiente o si había espacios autonomía, donde cada uno podía crecer.*

Está en juego que se depositaba en la otra parte, que expectativas colmaba, y también que heridas de la infancia o conflictos infantiles no resuelta se buscaba con la otra parte, con la expectativa inconsciente de que se iban a colmar.

Después del vínculo con los padres, la pareja es relación donde hay un alto grado de intimidad y unión.

Los mecanismos que usamos para atravesar otras adversidades, no suelen funcionar en este tipo de relaciones."

2: ¿Cuáles son las etapas de un duelo por separación de una pareja/novio/esposo?

Las mismas que para cualquier otro duelo: negación, ira, negociación, depresión y aceptación. Cómo en todo duelo, no suelen ser lineales, hay avances y retrocesos, y pueden darse aleatoriamente.

3: ¿Qué herramientas/técnicas serían útiles para no idealizar a la persona que abandona/parte/finaliza la relación?

Por lo general, ante la pérdida, se suele recordar los aspectos bondadosos de la otra parte. Lo aconsejable, es traer al recuerdo, los aspectos conflictivos o desagradables, para hacer un balance más realista.

Como en todo duelo, no se puede analizar ni interpretar. Sólo estar y acompañar el proceso.

Ensanchar el corazón

¿Cuántas veces rompieron el corazón de Ana?

Un corazón roto es un corazón abierto a la vida. Años después lo descubriría Ana en la gestación de su primer bebé, con quién aprendió que podía amar de diferentes maneras y cada nuevo amor era más grande que el anterior. Lejos quedaron en el tiempo sus pensamientos que *"nunca podría volver a amar"* sin embargo, se volvió a enamorar, se casó conociendo un amor tan diferente, se sintió amada por cómo era, ella misma; se sintió amada por Dios al enterarse que sería mamá por primera vez y cuando miró a los ojos a su hijo se sintió en el cielo. Dios ensanchaba aún más su corazón para que sea capaz de amar de muchas maneras y permitirse ser digna de amor.

♥ ❖ "Sentirse digna de amor" ❖ ♥

¡No estas rota, sos completa! se repetía en sus momentos de dolor. Y un día le llego el vídeo de un sacerdote que hablaba del Cristo Roto le hizo recordar un libro que tenía su mamá en casa que se titulaba "Mi cristo roto" de un jesuita. El sacerdote de aquel vídeo hablaba que haciendo el inventario de su parroquia encontró en un cajón la imagen de un Cristo que estaba roto, empezó a juntar sus piezas, las puso sobre un cojín y se puso a conversar con Él, quién le decía *"No me restaures".* *¿Por qué no?* le pregunta el sacerdote. *Porque "¿Tu sabes cuántos matrimonios se han roto?, ¿Y cuántos jóvenes están rotos?" Así cuando me veas a mí veras a muchos jóvenes, servirá para recordar y rezar por ellos. Pero, ¿qué hago?,* le vuelve a preguntar el sacerdote. *"Nada",* responde Jesús, *"ve las cosas con alegría, se positivo, haz feliz a la gente, Dios quiere que sean felices, sé una buena persona, saluda, dale un beso a tus seres queridos, abraza".* Entonces, el sacerdote comprendió que por Jesús somos mejores personas.

Ana al escuchar esas palabras se emocionó y exclamo *"¡Me siento rota!, pero mi confianza será restaurada por el amor de Cristo".*

Restaurar la confianza perdida

Pero, ¿cómo? Si el Amor es atención, ¿dónde pongo la atención? Se preguntaba Ana. Entonces, debo empezar a prestar atención en qué ocupo mi tiempo.

Reconocer que, con cada viaje hacia el recuerdo, con cada texto enviado, estaremos alimentando la adicción, profundizando el dolor emocional y complicando la recuperación.

Las rupturas amorosas comparten los síntomas típicos de la pérdida y la pena: insomnio, pensamientos invasivos, disfunción del sistema inmunológico. El 40 % de las personas padece una depresión de manifestación clínica. Es un daño psicológico complejo que afecta de múltiples maneras. La mujer pierde no solo a su pareja; pierde toda su vida social, su identidad como pareja. Deja mucho más que un solo vacío.

Capítulo V- Desesperación por buscar otro clavo

La intención de este capítulo es recopilar extractos del cuaderno de Ana así cómo relatos de otras mujeres, a flor de piel de cómo se sentían al terminar la relación y en su intento de recuperarse entraban en un círculo vicioso de **autoengaño** al buscar otros hombres que las saquen del dolor lo más rápido posible. Como dice la frase popular *"un clavo saca otro clavo"*, pensando que sería como una especie de anestesia, pero en realidad se dispersaban o evadían a ellas mismas. Es una etapa de **transición** donde sufrían una frustración tras otra y su cuerpo reflejaba esas emociones enfermándose. En el trayecto de **búsqueda** experimentaban importantes cambios en varios aspectos de su vida, y su espiritualidad no estaba exenta de ellos.

Una búsqueda frustrante

Ana intentaba escribir algunas líneas en inglés para ejercitarse, según le había aconsejado su profesora particular, pero no lograba concentrarse no podía sacarlo de su mente, concluyó que aprender inglés esa otra frustración en su vida. Entonces, abrió su cuaderno de notas y escribió lo siguiente:

"...Otra frustración en mi vida. Hoy estoy de nuevo con el colon irritable...
Listo ¿qué más puedo hacer?, ¿me pego un tiro o sigo llorando? ¡Qué tristeza mi vida! ¡Qué depresión! Siento angustia, mucha bronca, odio... y justo leo este artículo en el celular donde dice que la explicación a lo que me pasa es la nostalgia a la tierra que me vio crecer.
¿Cómo inicie el día? Tratando de encontrarle el sentido a mi vida.
*Perdón Dios por ser tan desagradecida, sé que me iluminaste el pensamiento con esta pregunta ¡**Qué quieres Ana?** Te contesté ¡**Quiero ser feliz!** Ayúdame porque no sé cómo salir de esto.*

Si sé que me gustaría escribir una novela, ganar dinero para cambiar de vida, poder volver a mi tierra natal, vivir en una casa de campo con una gran galería, un jardín con mucho verde cercano a un arroyo cristalino ¡Es mi gran sueño!

¡Que más podría pedir que tener cerca a mi familia, poder viajar y conocer lugares hermosos con playas de arena blanca! (esa arena que no quema los pies al caminar).

*Y dejar el estrés de mi trabajo actual, la competitividad, el hacinamiento de la gran ciudad y huir del **abandono emocional**, ¿se podrá escapar de esta situación? Por dentro sentirte frustrada y por fuera verte exitosa.*

***¿Por qué no encuentro el amor verdadero?** Entonces, voy a vivir una vida divertida. Como cuando salíamos en Nueva York con mis amigas a visitar las terrazas, pura vida nocturna y casi no conocimos la ciudad de día. O esa noche que rememoraré para contar algún día a mis nietos (espero tenerlos), cuando conocí la aventura de un amor pasajero en un crucero viajando por el Mediterráneo, el mismo día que dejábamos Ville de France, mientras contemplaba en una noche estrellada la estela de ese barco tan inmenso y a la vez tan pequeño frente a la majestuosidad del mar azul. En esas mismas vacaciones en las que nos encontramos en Barcelona con nuestro amigo español que habíamos conocido en una isla en Brasil. Tantas aventuras por rememorar y ser feliz pero hoy no sé porque me siento así...esto es lo que soy hoy.*

***¿Cuál es mi mayor dolor?** Sigue siendo el engaño de mi ex pareja."*

Ana se quedó dormida sobre sus notas empapadas en lágrimas.

Días después comparte un almuerzo con una compañera de trabajo, Yesica, que le relata lo siguiente desde lo más hondo de su ser:

*"A mis 35 años me replanteo las últimas salidas a la discoteca... Creo que ya no quiero salir más. Si me veo con los ojos del mundo soy exitosa, pero si me veo con respecto a lo que quiero, **¡soy un desastre!** Estoy muy cansada de soportar unos vulgares, poco interesantes, superficiales, cero caballeros y sí, la culpa es de quien les da de comer, o sea las mujeres se lo hacemos cada vez más fácil a los hombres y poco desafiante que obtengan*

a su presa. Este recorrido por los bares de la ciudad me deja cada noche más aburrida y eso que hago el esfuerzo para escucharlos...y ¡oh sorpresa! sus confesiones, uno de esos tipos me dice quizás no debería decirte esto, pero "no exijo lo que no doy..." (el resto podrás imaginarte ...). Yo pensaba, ¡¿qué estoy escuchando?! y encima de un tipo ocho años mayor (que parecía aún mucho mayor por la cama solar de años y años de exposición). Quien no paraba de mirarme los zapatos y elogiarlos, me decía que a su ex novia antes que llevarla al cine o a un restaurante prefería llevarla a un bar o a una disco... En fin, me pareció muy superficial hasta que me percaté que tenía un Rosario alrededor del cuello y me llamo la atención, cuando le pregunto si era de adorno me señala la medalla de San Benito. No lograba cerrarme nuestra conversación previa con su parte religiosa, supongo que la gran ciudad lo absorbió o quizás su profesión actual de asesor de bolsa lo indujo a poner en primer lugar el dinero y las apariencias. ¿Cómo lo conocí? Me lo presentó su amigo, quién se acercó esa noche ni bien entramos al bar, con una sonrisa un tanto sospechosa, se presentó y por curiosidad le pregunté su profesión, me contesta que es médico clínico, que tenía guardia al día siguiente. Luego presencié la decadencia del médico que se denigró toda la noche, no podía mantenerse en pie y acosaba a cada mujer que se le cruzaba por el camino, era un hombre de unos 43 años, agradable a la vista, cuya necesidad del alcohol lo superó. Para colmo de males, su amigo me preguntó, Yesica ¿quién quieres que te llame el médico o yo? (no había códigos entre amigos) Ninguno. Aunque para cualquier mujer ambos son potenciales buenos candidatos, un médico o un asesor de bolsa, no podría aceptar salir con ninguno de los dos porque no me demostraron tener valores, ser caballeros, quizás soy muy chapada a la antigua."

En definitiva, Yesica esa noche volvió a su casa a dormir sola y una vez más desilusionada de los hombres, pensando que no era el lugar, una disco o un bar, donde su príncipe azul se le presentaría tal cual ella se los imaginaba.

Sería conveniente para ella revisar ¿dónde tenía puestas sus expectativas?

¿Qué pasaría si dejase de buscar? Y simplemente transite la vida con una mochila más liviana, más relajada. Ana fue testigo de que cuando dejó de buscar, llegó a su vida el hombre indicado para ella...en el momento preciso. *Los tiempos de Dios son perfectos.*

Miedo en el aeropuerto

El próximo episodio transcurrió en el aeropuerto, uno más de tantos otros en la vida de Ana. Ocurrió por la misma época en la que se encontraba entusiasmada con la lectura del libro "El peregrino ruso". Obra de relevante ayuda en los momentos en que se sentía como en un pozo sin salida. Repitiendo la oración del peregrino fue aliviando su pesada carga. Le dio fuerzas para vencer las frecuentes tentaciones de sentirse incapaz y poner conciencia en que ella se merecía vivir una vida plena.

♥♥♥Espacio Sagrado♥♥♥

En este preciso instante te invito a hacer una pausa en la historia para a abrir un "Espacio Sagrado", y permanecer aquí unos cinco minutos meditando los siguientes párrafos de pura sabiduría del libro "El peregrino ruso", obra anónima de espiritualidad sencilla, llena de vida, cuyo propósito es enseñar el camino de la oración por medio de las experiencias y aventuras de un viajero que aprende a repetir continuamente una jaculatoria sencilla: *"Señor Jesús, ten piedad de mí".*

Esta invitación a orar continuamente sin cansarse ni desanimarse ante las difíciles circunstancias surge también de las enseñanzas del Evangelio de San Lucas, la parábola de la viuda que pide justicia sirve para explicar que *"era preciso orar siempre sin desfallecer"* (Lucas 18: 1-8).

"...Había un juez en una ciudad que ni temía a Dios ni le importaban los hombres. En la misma ciudad había una viuda que solía ir a decirle: ‹Hazme justicia frente a mi adversario›; por algún tiempo se negó, pero después se dijo: ‹Aunque ni temo a Dios ni me importan los hombres, como esa viuda me está fastidiando, le haré justicia, no vaya a acabar pegándome en la cara›. El Señor añadió: ‹Fijaos en lo que dice el juez injusto; pues Dios, ¿no hará justicia a sus elegidos que le gritan día y noche?, ¿o dejará que esperen? Os digo que les hará justicia sin tardar...›"

Podemos confiar en el Padre amoroso, siempre listo para escucharnos. Reflexionar sobre las dificultades que puedo estar enfrentando en este momento, cuando me siento aprovechada, usada y desechada. Acaso ¿he perdido las esperanzas de que Dios me escuche? ¿Puedo dirigirme ahora a Él, sabiendo que estará atento a lo que voy a compartirle? ¿Siento que puedo confiar en Él? Aunque soy impaciente y pueda sentir que Dios no escucha mis pedidos cuando no recibo respuesta inmediata, porque estamos mal acostumbradas a este mundo de gratificación instantánea, café instantáneo, contacto instantáneo. Pero, si tan solo hoy, comienzo por tener más paciencia, tal vez la respuesta llegue, pero no en la forma que estamos esperando, sino de una manera más beneficiosa para nosotras. Y en mi oración puedo presentar mi verdadero YO al Señor, mi yo vulnerable. En todo caso, Dios conoce mi verdadero yo. Puedo acudir a él cuando siento que no tengo fuerzas, desde lo más íntimo de mi corazón, siguiendo aquellos modos de orar que Dios inspire en nuestras almas para acoger a su Amor.

Lo anterior reflexión Ana la conocía, pero se volvía débil y recaía con frecuencia. Fue lo que sucedió en la ocasión que se encontraba en el aeropuerto, esperando el llamado para abordar el avión, uno de tantos momentos que cada vez le pasaban más de seguido, sintiendo inseguridad, miedo, creer que no podía enfrentar las situaciones que creaba su mente, planificando todo, queriendo controlarlo todo. Desde localizar dónde estaba ubicado el baño por si le daban ganas de ir, anticiparse por el miedo a no poder ir cuando ella necesitaba o no poder contenerse, el solo hecho de pensar en esa hipotética situación le provocaba un nudo en el estómago y agravaba sus miedos, su cerebro se volvía traicionero, le provocaba gases. Al final nada de lo que se imaginaba sucedía, había sufrido innecesariamente y luego todo resultaba bien, pero esos minutos de espera se volvían eternos, pensaba que no podría seguir, quería desaparecer, escapar de todo, incluso hasta pensaba en no vivir. Suena horrible todo lo que le pasaba por la mente, y esos ataques eran constantes, no cedían fácilmente y se perfeccionaban cada ocasión más. Ella pensaba:

"¿Tengo que ser más astuta? O es el momento de entregarme en tus brazos Señor Jesús, confiar que todo es tu voluntad que nada pasa sin que vos lo dispongas. ¡Cuánto me cuesta entregarte mi SI Señor! Que sea, que SEA en mi tu voluntad, lo digo, lo pienso, lo creo, pero soy débil. Me ataca a ratos dolor de panza y en la boca del estómago puntadas. Pienso en Jesús cada vez y me repito **"Señor Jesús, ten piedad de mi"***.*

Creía que su oración era constante, de diferentes formas, la mayoría de las veces con el pensamiento. Se enamora cada vez más de la oración contemplativa, no quería otra cosa, en realidad que cada vez le gustaban menos esas cosas que antes disfrutaba y por las que hacia tantos sacrificios.

Ella necesitaba acudir a su refugio, le urgía orar y pensaba en el retiro espiritual como un medio para conocerlo más a su amado, conocerse y curarse.

"Dios que para ti nada es imposible, ¡ten piedad de tu enamorada, ten piedad de esta pecadora, miedosa y débil que necesita aumentes sus fuerzas, aumenta mi fe! Quiero caminar de tu mano, no me sueltes Señor, no me dejes sola, ayúdame a enfrentar esta situación. A nada debo temer

porque estás conmigo. Abrázame y no me dejes sufrir. Tengo miedo al sufrimiento, a padecer y no saber qué hacer, pues siento que me dices que no haga nada, que me abandone en tus brazos. Tantas pruebas hemos superado juntos y sigo dudando Señor. Mis miedos son infundados, quizás naturales o me excuso en ellos. Sáname Dios. Te lo suplico, todo poderoso, grande eres por siempre. "

Luego Ana subió al avión, el viaje quedó atrás y llego a su casa sin pasar ningún momento vergonzoso solo la atormentaban sus miedos en su mente.

Cambios en la fe

Ruth es una mujer de 40 años, quien nos comparte parte de su historia de fe con estas reflexiones.

"...Repasé en las personas que fueron mis guías en la vida. Siempre mi madre estuvo como mi gran referente, pero mi abuelo materno fue un gran ejemplo de resiliencia a través de la fe. Mi padre en cambio siempre renegó de la iglesia y los sacerdotes, aun cuando fue monaguillo de niño, es triste escucharlo hablar mal de toda la institución, lleva mucha amargura por dentro. Recuerdo que hace menos de un año mi madre tuvo que hacer un viaje al exterior para apoyar a mi hermana, luego de su reciente separación de su novio de toda la vida. Para ese entonces, ella llevaba separada de mi padre por más de diez años, aun así, acudió a él para pedirle que la reemplace en la hora de adoración a la que acudía semana a semana en la capilla de Adoración Perpetua de nuestro pequeño pueblo. El horario en que debía reemplazarla era a las 3 de la madrugada y él aceptó. Creo que ese gesto fue la semilla que de a poco empezó a germinar en el interior de mi papá para darle luz a su vida.

Desde pequeña recuerdo que en mi familia se respetaba ir a misa los domingos, ayunos los viernes de Cuaresma, la Semana Santa era de sacrificio porque el Jueves y principalmente el Viernes Santo no podíamos jugar como los otros niños del barrio, ni escuchar música, ni reírnos; recuerdo haberle preguntado a mi madre ¿por qué los otros chicos jugaban lotería, podían correr, andar en bicicleta y nosotros no? ella molesta me contesto que el juego de lotería presenta el momento en que se repartieron las ropas de Jesús y no debíamos imitar esa falta de respeto. Hoy lo entiendo profundamente, pero de niña fue difícil, aunque lo respetábamos y tratábamos de no hablar en voz alta ni jugar mientras mirábamos por la ventana a los otros niños divirtiéndose. El jueves se cocinaba para el Viernes Santo, día en que no se hacía nada más que rezar la Coronilla a las 3 de la tarde y mirar películas sobre la Semana Santa, esto último me agradaba.

En la actualidad intento ayunar los viernes de cuaresma, también recuerdo que mi abuelo además ayunaba todos los miércoles y se levantaba a rezar durante la madrugada, era admirable su fe. Comencé a evitar salir a bailar en cuaresma, recuerdo que cuando era adolescente una amiga de la escuela no salía a bailar y yo la criticaba, ¡cuán equivocada estaba entonces!

En mi pueblo natal lo natural es ser católico, ir a misa, hacer la comunión y la confirmación. Al crecer me di cuenta que no era tan natural en todas las familias y al vivir en una ciudad más grande me sentí como un bicho raro, me miraban con extrañes por mi fe católica. En el ambiente de trabajo fue chocante al inicio, pero hoy lo vivo con más naturalidad, entiendo que hay personas que no me comprenden, las más cercanas me respetan y otras se burlan o me provocan. Cambie en la forma en que me tomo sus chistes irónicos, porque hoy amo con más seguridad a mi Señor Jesucristo. Me siento la niña de sus ojos.

Si pienso en mi camino espiritual, luego de la confirmación no participe más que algunas misas esporádicamente, tuve ganas de participar de algún grupo de jóvenes, pero nunca me acerque y termine concentrándome en mi vida de estudios logrando éxitos académicos. Viene a mi memoria uno de mis primeros empleos, requería caminar por las calles de tierra con temperaturas de 40 grados para tratar de vender un seguro, sin mucho éxito; hubo un momento clave en que exhausta de caminar me senté en un banco de la plaza del centro del pueblo esa tarde de verano, al ver las personas pasar, mis lágrimas caían porque sentía en ese momento que mi esfuerzo no valía, todos los años de estudio ser excelente alumna con buenas notas y me pregunté: ¿para qué Dios? Ser la primera profesional universitaria de mi familia ¿para qué tanto sacrificio? Luego de unos meses, obtuve un buen trabajo, pero sentí que perdí la inocencia, mi frase medio en broma medio en serio fue "al cielo los ejecutivos no vamos". Era un trabajo muy exigente, negociaciones para alcanzar objetivos, cumplir presupuestos altísimos... Para una chica de su casa, que no conocía el mundo más allá de las calles de su barrio...fue cuando la vida me obligo a madurar. Hago un paréntesis, en ese momento no sabía si mi historia tenía un final feliz, pero crecí indudablemente.

Un cliente a quien apreciaba me invito a rezar el Rosario con adoración y misa una vez por semana al salir del trabajo. En el fondo de mi ser era lo que yo estaba buscando y aun no lo sabía.

Luego de años de estar dormida, me desperté un poquito...porque seguía incrédula y desconfiada ... mi espiritualidad daba sus primeros escalones en un largo camino interior.

Aunque tengo momentos como este, un día de bajón, estoy cansada y triste, hoy me siento sola, quisiera tener una persona a mi lado que me cuide y proteja, a quien pueda cuidar con amor. Sé que Dios me tiene preparado la mejor de las sorpresas y pienso en las palabras HUMILDAD Y PACIENCIA, cuánto me cuestan llevarlas a cabo.

Ayer, por ejemplo, fui a la plaza a tirarme en el césped a leer, es un lugar muy turístico...de pronto veo que un hombre se dirige hacia mí, yo miro hacia otro lado y de pronto se detiene cerca de mí, me mira, pero yo no pude mirarlo, él sigue su rumbo, pero se sienta en un banco cercano y fuma un cigarrillo, en varias ocasiones me mira. En cambio, no pude mantener la mirada... ¿Por qué actúo así? Alejando o no dejando que se me acerquen... ¿es timidez, inseguridad o miedo a que me vuelvan a lastimar?".

"Señor Jesús, ten piedad de mi"

Capítulo VI- Caso práctico: Descalzarse para entrar en el otro

"El Acompañamiento Espiritual en el duelo por separación"

Antes de adentrarnos en el caso me gustaría empezar con esta hermosa reflexión de respeto hacia el corazón del otro.

DESCALZARSE PARA ENTRAR EN EL OTRO

*"Una mañana, en el Retiro de Nazaret, meditando un anuncio me encontré con una expresión que resonó de una manera muy especial en mi corazón: "descalzarse para entrar en el otro". Le pregunté al Señor qué significaba esto. Se me ocurrían palabras como **respeto, delicadeza, cuidado, prudencia.***

Me sentí impulsada a leer las palabras del Éxodo (3,5): "No te acerques más, sácate tus sandalias porque lo que pisas es un lugar sagrado". Fueron las palabras de Yahvé a Moisés ante la zarza que ardía sin consumirse y pensé: "Si Dios habla al interior de mi hermano, su corazón es un lugar sagrado".

*No tardé en ponerme en oración. Jesús me presentaba uno a uno a mis hermanos de comunidad y luego a otros, y descubrí cómo **habitualmente entro en el interior de cada uno sin descalzarme, simplemente entro; sin fijarme en el modo, entro.** Experimenté una fuerte necesidad de pedir perdón al Señor y a mis hermanos.*

*Sentí que el Señor me invitaba a descalzarme y luego a caminar. Inmediatamente experimenté una resistencia: "no quería ensuciarme". **Me resultaba más seguro andar calzada.** Vi, entonces, dos cosas básicas que me impiden entrar descalza en los otros: **la comodidad y el temor.***

Vencido ese primer momento comencé a caminar y el Señor a cada paso iba mostrándome algo nuevo. Advertí cómo descalza podía descubrir las alternativas del terreno que pisaba, distinguir lo húmedo y lo seco, el pasto de la tierra, necesitaba mirar a cada paso lo que pisaba, estar atenta al lugar donde iba a poner mi pie. Me di cuenta de cuántas cosas del interior de mis hermanos se me pasan por alto, las desconozco, no las tengo en cuenta por entrar calzada, con la mirada puesta en mí o dispersa en múltiples cosas.

Pude ver también cómo descalza caminaba más lentamente; no usaba mi ritmo habitual, sino tratando de pisar suavemente.

*Donde mis zapatillas habían dejado marcas, mi pie no las dejaba. Pensé entonces: "¡**Cuántas marcas habré dejado en el corazón de mis hermanos a lo largo del camino!**". Y experimenté un gran deseo de entrar, entrar en los otros sin querer dejar un cartel que decía: "Aquí estuve yo".*

Por último, fui atravesando distintos terrenos, primero el pasto, luego un camino de tierra hasta llegar a una subida y con piedras. Sentí deseos ya de detenerme y volver a calzarme, pero el Señor me invitó a caminar descalza un poquito más. Advertí que no todos los terrenos son iguales y no todos mis hermanos son iguales.

*Por tanto, no puedo entrar en todos de la misma manera. Esta subida me exigía caminar aún más lentamente y cuanto más suavemente pisaba, el dolor de mis pies era menor. Esto me decía: "**cuanto más difícil sea el terreno del interior de mi hermano, más suavidad y más cuidado debo tener para entrar**".*

*Después de este recorrido con el Señor pude ver claramente que descalzarme es entrar **sin prejuicios, atenta a** la necesidad de mi hermano, sin esperar una respuesta determinada, es entrar sin interés, despojada de mi alma. Porque creo, Señor, que estás vivo y presente en el corazón de mis hermanos, es que me comprometo a detenerme, descalzarme y entrar en cada uno como en un lugar sagrado.*

*Cuento, Señor, para ello con tu gracia. *"*

*En algún lugar encontré que la fuente de la anterior reflexión es del libro "La semilla que crece" de Lili Guita (Editorial de la Palabra de Dios. 2000) y en otros como texto original de Martin Descalzo S.

Caso práctico:

En el siguiente dialogo veremos la situación de Natalia, una mujer que se acaba de separar de su pareja y necesita hablar con alguien que pueda ayudarla a superar este gran dolor. La acompañante espiritual Julia, contacta a Natalia para coordinar su primer encuentro. Es muy revelador comprender que sienten ambas, como se explica a continuación:

Antes de acudir al 1° acompañamiento:

Julia se siente tranquila porque el lugar escogido para el primer acompañamiento espiritual es un espacio que les brindara seguridad, intimidad y silencio para que Natalia, su nueva acompañada, pueda entrar con confianza a su propio espacio interior, su corazón.

Días antes al encuentro Julia comenzó a rezar por Natalia y a presentarla en sus momentos de oración personal. Como también antes de ir al primer encuentro meditó en silencio para estar mejor dispuesta a lo que Dios quiera presentarle ese día y que ella le permita actuar a través suyo dejando su corazón siempre dispuesto. Salió con antelación de su hogar para llegar unos minutos antes y preparar el lugar sagrado del encuentro. Preparó una mesita, prendió una vela junto a la imagen de la Virgen del SEA (representa el sí de María *"que SEA en mí tu voluntad"*), dispuso dos sillas al lado de la mesita y como le quedaban unos minutos se dirigió a la capillita del lugar para silenciarse unos minutos, acallar sus pensamientos y seguir disponiendo su corazón.

Durante el 1° acompañamiento:

Julia espero a Natalia en la entrada del lugar, al llegar la saludó mirándola a los ojos con una sonrisa y luego de hacer un recorrido por ese lugar de paz con un hermoso jardín, sintiendo el aroma a Jazmín de las flores que rodeaban a la Virgen y del césped recién cortado, se dirigieron a la sala que había preparado Julia, le preguntó si quería beber agua porque la percibió un poco agitada. La invitó a sentarse y le consultó si le gustaría que hiciera una oración inicial para disponerse al encuentro con el Espíritu Santo. El dialogo transcurrió de la siguiente manera:

-**Natalia (acompañada):** *Si, la verdad me hace falta una oración, yo rezo cuando puedo...y no es muy seguido ahora que lo pienso.*

-**Julia (acompañante):** Recita la oración del Padre Nuestro en voz alta y le comenta que todo lo que hablarán en el encuentro será en el ámbito del sigilo y la confidencialidad; le pregunta si sabe de qué se trata un acompañamiento espiritual.

-Natalia: Mi hermana se acompaña y me dijo que me iba a hacer bien...porque estoy destrozada.

-Julia: Entonces, te cuento que este es un espacio para vos, donde puedes desahogar tu corazón y dejaremos en manos de Dios este encuentro.

Julia observa que Natalia mueve sus manos apretándolas, entonces la invitó a hacer algunas respiraciones juntas, recorriendo su cuerpo con respiraciones sucesivas para traer paz y tranquilidad a ese espacio.

-Julia: ¿Cómo te sentís ahora?

-Natalia: Me siento bien...aunque un poco triste.

-Julia: ¿Por qué estas triste?

-Natalia: Mi pareja me dejó, convivíamos hace más de tres años y no puedo parar de llorar, en el trabajo tengo que ir al baño a cada rato para esconderme a llorar sin que me vean, disimulando mis lágrimas y no puedo concentrarme como antes. No puedo pensar en otra cosa.

-Julia hace silencio mirándola a los ojos que se le llenan de lágrimas, para que sienta que puede tomarse su tiempo de compartirse.

-Natalia comienza a hablar y se le quiebra la voz mientras trata de disimular sus lágrimas.

-Natalia: Ricardo se fue como si nada y yo lo veo feliz en las redes sociales.

Me dijo que ya no me quería más... repaso en mi cabeza ese día buscando que hice mal. Para mí todo estaba bien...bueno, nos peleábamos a veces, pero lo quiero.

-Julia: Para vos todo estaba bien con Ricardo.

-Natalia: Ricardo me gritaba a veces, pero era bueno, lo extraño mucho, no puedo vivir sin él.

-Julia cruza las piernas para imitar la postura de Natalia y le pregunta:

¿Por qué sentís que no estaban de acuerdo a veces?

*-**Natalia**: A él no le gustaba que yo salga con mis amigas, porque ellas no tienen novio y les gusta salir todos los fines de semana a bailar. Y bueno...era un poco celoso, se fijaba que ropa tenía puesta, no me dejaba maquillarme como a mí me gustaba y controlaba el horario en que volvía a casa, a veces se enojaba un poco...*

La otra noche salí a bailar con mis amigas, bueno me insistieron para levantarme el ánimo y conocimos un futbolista, quien nos confiesa que estaba bebiendo un Fernet con cola light porque se estaba cuidando la figura. En ese instante se me cruzó por la mente que nunca un hombre de los machos que conozco podría llegar a confesarme eso... ¡Haaa! le contesto ¿por qué te estás cuidando? Me cuenta que él jugaba en España al fútbol profesional, que actualmente estaba de vacaciones visitando a su familia y nos señala a sus amigos que jugaban en Berlín casi al mismo momento en que me pregunta ¿qué le pasa a tu amiga?, ¿por qué se ríe así? Con un tono despectivo fue su pregunta...como si ella estuviera borracha...A todo esto ninguna de mis amigas había probado un sorbo de alcohol. Le digo mi amiga Laura ¡está feliz y es así! Luego le pregunto si extrañaba a su familia, y me dice que se había vuelto insensible. Dentro de mi pensé que sinceridad que mata... ¡qué carácter poco atractivo! aunque debo reconocer que físicamente era lindo. Minutos después, escapando mi amiga Laura de un hombre borracho se acerca al futbolista para que él la rescate y la salva, unos segundos después cuando miro de nuevo se estaban besando Laura y el futbolista. Luego veo en escena dos hombres luchando y la gente apartándose para ver el espectáculo, logro ver que salen a fuera del bar golpeándose y en unos minutos reaparece mi amiga contándome que el futbolista era quien estaba boxeando... ¡Era el insensible! En definitiva, esa noche yo desilusionada una vez más de los hombres y confirmando que lo extraño más que nunca a Ricardo, no hay otro hombre cómo él.

*-**Julia**: Y a vos Natalia, ¿qué te gusta?*

*-**Natalia**: Me gusta ver a mis amigas cada semana y me gusta mi trabajo. Pero Ricardo quería que deje mi trabajo para ayudarlo a él con su*

trabajo, él tiene su propia empresa y me decía que necesitaba alguien como yo trabajando con él... Pero ahora se fue así, de un día para otro agarro sus cosas y no volvió. Fui una tonta tendría que haber dejado mi trabajo y ayudarlo, ¡seguro por eso me dejó!

-Julia continúo escuchándola narrar sobre su relación, le preguntó sobre ella, a qué se dedicaba, cómo era su familia de origen y poco a poco Natalia fue cambiando su postura y soltándose más al hablar sobre ella misma. Estuvieron casi una hora reunidas. La acompañada comentó que le gustaba escribir, por lo que la acompañante le sugirió que anote en un cuaderno como se sentía al despertar cada día o en la noche antes de ir a dormir, que elija un momento del día para registrar cómo estaba y que deje fluir el lápiz, sin detenerse a pensar, que solo escriba lo que le salga del corazón.

Hicieron una oración para finalizar el encuentro a la Virgen María para agradecer por la experiencia compartida y Julia le volvió a preguntar ¿cómo estaba Natalia?

-**Natalia**: *Estoy mejor, me siento libre al hablar con alguien que no me juzga.*

-Julia le explico que los encuentros se realizan una vez al mes pero que como recién inician podrían verse antes, por lo que acordaron el siguiente encuentro en quince días y se despidieron con un abrazo.

Luego Julia, se quedó unos minutos para confiarle todo lo vivido al Espíritu Santo y para que derrame su gracia en ambas, se sintió en paz y como tenía ganas de una caminata bajo el sol se dirigió a un parque cercano para soltar lo que su corazón guardaba del encuentro.

<u>Antes de acudir al 2° acompañamiento:</u>

Pasadas dos semanas, antes de acudir al siguiente encuentro Julia realizó oración centrante o meditativa en silencio para estar mejor dispuesta a lo que Dios quiera presentarle ese día. Asiste al lugar antes para visitar la capilla, con el corazón y con la memoria del último acompañamiento. Ya con el lugar preparado para recibir a Natalia, quién llega a horario, se disponen con una oración inicial y Julia le consulta ¿cómo se siente en ese momento?

-*Natalia: Me siento cansada, hace varias noches que no puedo dormir.*

-*Julia: Te sientes cansada...*

-*Natalia: Si porque pienso que si logro hablar con Ricardo me va a decir que nos veamos de nuevo y que volvamos a estar juntos como antes. No sé...es muy complicado.*

-*Julia: No sabes que pensar...*

-*Natalia: Yo opino que si me esfuerzo más podré comunicarme con él. No entiendo porque solo lee mis mensajes de WhatsApp y veo que está activo todo el tiempo, pero... (hace silencio)*

-Julia hace silencio un momento y le pregunta:

Pero... ¿a vos qué te está haciendo sufrir?

-*Natalia: Quiero que me responda una vez al menos, pero no me gusta verlo tan feliz en Instagram todo el tiempo...cuando llego a mi casa y estoy sola con mi perrita Olivia. Mira estas son sus fotos jugando en el sillón... nuestro sillón, lo compramos juntos, el azul es su color preferido.*

-*Julia: ¡Es hermosa Olivia! ¡Es muy juguetona! Me gustaría Natalia que juntas miremos los sentimientos de tu corazón, para que podamos identificar mejor el problema ¿qué te tiene tan cansada?*

-*Natalia: Eh...bueno... pienso que tengo que insistir para que él me explique porque no existo más para él...necesito una explicación.*

-*Julia: Comprendo lo que piensas, me gustaría que desde tu corazón me digas ¿cómo te sentís al llegar la noche antes de irte a dormir?*

-*Natalia: Estoy muy triste, siento que soy una mujer que nadie quiere, no sé qué tengo, me duele que no me responda. Él no se imagina lo que me duele y el esfuerzo que hago para levantarme cada mañana...ir a trabajar, para luego volver a casa y tirarme en la cama sin ganas de nada, ni siquiera quiero comer, ni salir con mis amigas, ni visitar a mis padres para que no me vean así.*

-Julia: ¿Qué es lo que más deseas?

-Natalia: Yo quisiera contarle a Ricardo todo lo que significa para mí. No se me ocurre nada más.

-Julia: ¿En qué parte del cuerpo sentís el dolor cuando no te responde?

-Natalia: A veces en el pecho, como que algo me aprieta cuando me voy a acostar en la cama.

-Julia: Te propongo algo que podemos hacer juntas. Presentarle al Padre del cielo los sentimientos de tu corazón, compartilos con Él, así como los compartiste conmigo, desahoga en Él tu corazón. Sería bueno que pudieras cada noche antes de ir a dormir evaluar tu día con estás preguntas que te pasaré por email, lo llamamos hacer la Higiene al Corazón. Es muy simple y muy reconfortante a la vez.*

*Nota: Para examinar las preguntas de la Higiene del Corazón ve al ejercicio al final de este capítulo.

Natalia: Yo todas las noches antes de ir a dormir hablo con Dios, pero lloro y no puedo decirle todo lo que siento.

-Julia: También puedes entregarle a Dios tus tristezas. Recemos juntas.

Al finalizar la oración acordaron el siguiente encuentro en quince días y se despidieron.

Julia se quedó unos minutos para registrar cómo se sentía, en oración confió al Espíritu Santo que actúe con su gracia, registró que internamente se sentía en calma, que tenía ganas de llegar a su casa y darse una ducha muy larga. Le quedó resonando el recuerdo de haber llorado mucho y el sentir que se puede recuperar la alegría amando y confiando plenamente en Dios.

Antes de acudir al 3° acompañamiento:

Unos días antes del siguiente encuentro, Natalia decidió viajar a visitar a sus padres por lo que los siguientes encuentros se realizaron en forma online.

Antes de la hora acordada para conectarse, Julia rezó por esta nueva forma de conectarse, sabiendo que Dios estaría presente en el acompañamiento virtual. Preparó una velita, la imagen de la Virgen y la Lectura del Evangelio del día para que recen juntas. Avisó en casa para que haya silencio y evitar ser interrumpida.

Natalia se conectó sin problemas técnicos y se dispusieron al encuentro con una oración inicial. Julia le pregunto ¿cómo se sentía?

Natalia le comentó que había empezado a hacer la higiene al corazón y que anotaba en un cuaderno que tenía al lado de la cama agradecimientos al levantarse cada mañana y otras situaciones que iba experimentando, descubrió que se sentía liberada al escribir, había encontrado una forma de sacar su enojo y su tristeza.

Natalia: *Me gustaría leerte lo que escribí el domingo cuando me sentía tan desilusionada y pude dejarme llevar anotando todo lo que decía mi corazón.*

Anoche, fuimos a bailar a otro bar como una amiga, en resumen... hablé con varios hombres que gentilmente se acercaban al verme sola, si sola porque mi amiga estaba entretenida con un chico... ¿se entiende?, ¿no? ¡Muy entretenida! Sólo puedo rescatar del montón a dos de los hombres que se portaron agradables, el resto unos siete u ocho solo me pusieron molesta como de mal humor, y otros dos mejor ni me acuerdo, fueron una pesadilla, los peor ¡uno estaba casado y se atrevió a pedirme que lo lleve conmigo a mi casa! Un descarado, pobre su mujer, me da mucha pena. No puedo explicar lo que sentí al respecto y escape despavorida. Ojo no me horroriza porque sé que pasa pero que me pase a mí no por favor. Debo reconocer que era un hombre muy bello, conversamos hasta que vi su anillo de casado y le dije...haaa nooo ¡yo no puedo con esto! Y él me dice "pero si el del problema soy yo". Casi me caigo de espalda mientras le decía no sé cómo explicarte que éticamente yo no puedo con esto va contra mis principios y me di vuelta dirigiéndome hacia la salida del bar indignada, con su carita en mi mente. Llamé un taxi y mientras esperaba que llegue el auto...se me acerca uno de los gemelos... el mismo con el que había hablado una hora antes. No era mi tipo de hombre, pero tenía potencial, aunque en nuestra conversación anterior me había dicho "no tengo chances que me des tu número" y la verdad que al decirme eso me empezó a interesar...jajjaja tengo que charlarlo con la psicóloga ahora que lo escribo ¿por qué será?

Bueno, cuando se me acerca esta segunda vez, bailamos y sentí su perfume, ¡me gusto! Termine dándole mi número, pero hasta hoy no me escribió... ¿Por qué espero su mensaje? ¿Querré demostrarle a mi ex novio que yo también puedo rehacer mi vida tan rápido como él?

Julia la escucho atentamente, para finalizar ya pasando la hora hicieron oración en silencio otros 5 minutos más y Julia le preguntó ¿qué de todo lo que compartió le gustaría seguir mirando, reflexionando...para el próximo encuentro?

Le consulto también ¿cómo se sentía con el encuentro online? Y ella le dijo que pudo hablar abiertamente y que le hacía bien expresar lo que sentía, poner en palabras lo que todavía no llegaba a procesar.

Julia sintió que el Espíritu Santo estaba actuando aún a través de este nuevo medio de comunicarse y que la oración contemplativa era reconfortante para ambas.

Percibió que la acompañada Natalia está transcurriendo el proceso de duelo por separación, que necesita ser escuchada y escucharse. Y a la luz del Espíritu Santo (ES) logrará encontrar el mejor camino.

Le sugirió en próximos acompañamientos que continué con la oración contemplativa, agregando cada día unos minutos y que perseveré con la higiene del corazón.

Julia entregó en su oración personal que se sintió identificada con la situación de abandono que compartió Natalia porque ella misma vivió hace unos años algo similar por lo que esa experiencia la hizo más sabia para ayudarla sin apurar su propio proceso. Que ella podría por la gracia del Espíritu Santo lograr esa alegría que tanto anhelaba.

Julia con el tiempo fue testigo de la acción de Dios en la vida de Natalia, una compañera de camino, observando su progreso y sanación interior.

∞∞∞∞∞∞

Ejercicio: Higiene del corazón

Esta práctica nocturna propone revisar antes de ir a dormir las huellas que quedaron en el cuerpo de todas las tareas del día. Porque tu corazón guarda en sus adentros las experiencias vividas y necesita un ritual que te permita irte a dormir tranquila.

Inés Ordoñez de Lanús, fundadora del centro de espiritualidad Santa María, sostiene que para alcanzar esta serenidad y paz a la hora de irte a dormir es importante realizar una "higiene del corazón". Se trata de una práctica de bienestar que te ayudará a desahogarte y limpiar tu interior cada noche para conciliar un sueño reparador.

Seguramente has pasado por noches en que dormir se hace muy difícil, angustiante, como si algo te oprimiese el pecho. Te sientes intranquila, das vueltas en la cama, y los pensamientos revolotean en tu cabeza como un torbellino interno que parece nunca acabarse.

La higiene del corazón es clave para que esas noches oscuras no sean tan frecuentes. Consiste en pequeñas prácticas que puedes implementar para realizar un análisis interior de cómo transcurrió tu día, situación a situación, con quién te encontraste, cómo te sentiste.

Es una técnica vivencial que requerirá de tu compromiso para responder a distintas preguntas y reflexionar sobre ellas.

Para seguir avanzando con la lectura, te recomiendo que tomes acción y tengas a mano un cuaderno personal, diario o simplemente la aplicación de notas de tu teléfono móvil para tomar apuntes.

Podrás sanar el alma con cada ejercicio nocturno. Mirar cada una de las situaciones que transcurriste, las cosas que hiciste, lo que te hicieron, lo que te dijeron o no te dijeron como querías o deseabas.

Antes de irte a la cama

Empieza con un signo. En mi caso, hago la señal de la Cruz y comienzo mi oración rezando el Padre Nuestro, deteniéndome en cada palabra y meditando lo que me resuena.

Sé que estoy en presencia del Señor, creador de toda la naturaleza, fuente de amor y energía. Le pido que me ayude a mirar mi día desde que me levanté hasta este preciso momento; que me ayude a repasar cada situación en la que estuve involucrada, el trabajo, el viaje hasta allí, todo lo que hice, los lugares que visité; que me ayude a recordar a cada una de las personas con quienes me encontré a lo largo del día. Y trato de recordar cada una de sus caras.

Recorro mi cuerpo con las respiraciones sucesivas y trato de recordar cómo me sentí al levantarme esa mañana. Soy consciente de que la vida me regaló un nuevo día. Respiro profundo muchas veces.

Para alcanzar la higiene del corazón, recorro **cinco fases**: *la fase mental, la fase del cuerpo, la fase del hacer, la fase de las personas y la fase del perdón.*

Antes de ver cada fase quisiera que tengas en cuenta estas recomendaciones de cómo elevar tu energía para sentirte mejor implementando los que más resuenen contigo.

Cómo elevar tu energía en lo espiritual:

♥ con meditación,

♥ oración contemplativa,

♥ ten fe,

♥ invoca al Espíritu Santo.

Cómo elevar tu energía en lo emocional:

♥ agradece,

♥ ríe, canta, baila,

♥ transmuta tus miedos,

♥ cambia emociones negativas.

Cómo elevar tu energía en lo físico:

♥ con ejercicio,

♥ conecta con la naturaleza,

♥ aprende a decir que NO.

Cómo elevar tu energía en lo mental:

♥ enfócate en lo positivo,

♥ evita la queja,

♥ rodéate de personas que sumen.

Ahora veremos cada una de las fases de la higiene del corazón o limpieza del sueño en la práctica.

Fase mental

Para comenzar, pregúntate por tus pensamientos a lo largo del día: ¿cuál fue tu primer pensamiento esa mañana al abrir los ojos?, ¿qué vino a tu mente, por ejemplo, la agenda del día, la primera reunión?, ¿cuál fue tu primer sentimiento: desgano, desagrado, culpa, gratitud por el nuevo día?

Para ayudarte a retener tus reflexiones, puedes hacer una lista de lo que sueles sentir o pensar al despertar.

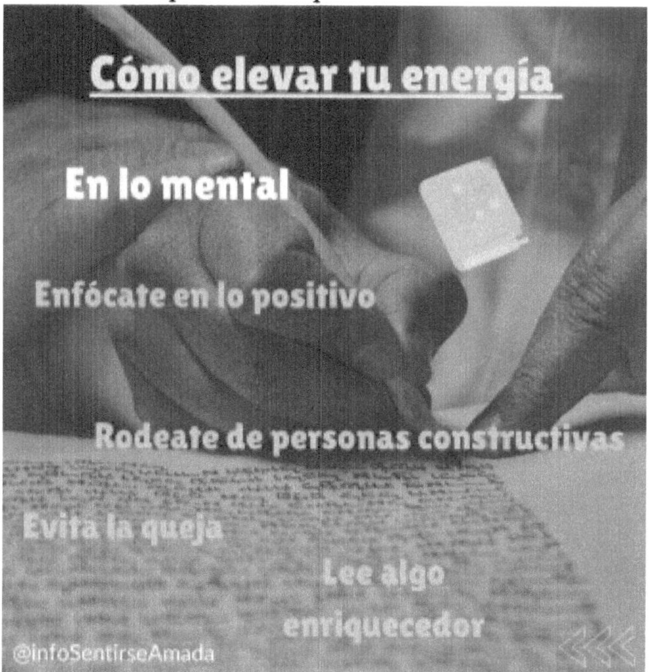

Fase de cuerpo

Continúa concentrándote en el aspecto físico de tu día: ¿cuál fue la sensación corporal con la que amaneciste?, ¿te ha dolido el cuello, la espalda, la cintura?, ¿has descansado bien?, ¿te desperezaste con placer?, ¿te estiraste disfrutándolo o, en cambio, estuviste contracturada desde el inicio del día?, ¿abrazaste a alguien al despertar o quisiste abrazarlo?, ¿por qué no lo hiciste?

Abre tus brazos y permanece con los ojos cerrados, imaginando una gracia enorme que la vida te regala en esta noche: *estás haciendo algo muy valioso, eres muy valiosa, tus manos ayudan, tu mirada ayuda, tu persona ayuda. GRACIAS.*

Vuelve a respirar profundamente y sigue pensando en cada uno de los lugares en los que estuviste a lo largo del día, los lugares donde entraste. ¿Cómo te sentiste en cada uno: ¿a gusto, a disgusto, agredida, recibida, contenta, molesta? ¿Quisiste entrar o te obligaron a ir por compromiso, por cumplir, por quedar bien, por no saber decir que no? ¿Pudiste SER tú misma en todo lugar o debiste desempeñar un rol según lo que se esperaba de ti? ¿Cuál fue tu actitud en estos lugares? ¿Te sentiste positiva o no tanto?

Fase del hacer

Ahora es momento de pensar en tus actos y acciones. Respira profundamente y recuerda todo lo que hiciste, tus tareas cotidianas, tus trabajos, tus actividades, como ir a correr, hacer gimnasia, yoga.

¿Cuál fue tu aporte hoy?, ¿hiciste o dijiste algo de lo que te arrepientas o por lo que tengas que pedir disculpas? ¿Cómo fue tu actitud interior al realizar tu rutina? ¿La disfrutaste o la realizaste, de nuevo, por obligación? ¿Qué pensamientos, palabras, gestos, sensaciones y emociones te acompañaron en tu trabajo o en tu casa, si te tocó quedarte? ¿Qué fue lo más lindo que hiciste, lo que más te gustó, lo que más disfrutaste?

¿Qué fue lo que hiciste muy bien? ¿Te salió como querías? ¿Hubo algo que hiciste mal o que dejaste de hacer por pereza? ¿Qué hubieras podido hacer con más amor y dedicación?

Fase de las personas

Respira profundamente. Recuerda a cada una de las personas con las que te encontraste a lo largo del día y que ayudaste, acompañaste, asististe o que no pudiste ayudar.

Trata de darte cuenta de las emociones que viviste en cada encuentro e intenta expresarlas, sean positivas o negativas.

¿Qué fue lo más lindo y alegre que viviste en tus encuentros con los demás? ¿Qué fue lo más gozoso de ese encuentro, lo que sigue resonando en tu corazón al terminar este día? ¿Qué fue lo que más te costó? ¿Con quién te resultó difícil estar o hablar?

¿De qué manera te ayudó a crecer en tu propia identidad como mujer cada persona que encontraste? ¿De qué manera te hicieron sentirte presente ante ti misma, ante los demás y ante cada cosa que fuiste viviendo? ¿Cómo se tradujeron tus emociones en actos y gestos concretos de amor?

Revive tus emociones y desahoga tu corazón en el Señor animándote a expresar lo que sentiste y quizás no supiste o no pudiste manifestar.

Fase del perdón

Llegamos a la última fase. Respira profundamente. Toma conciencia de tus pensamientos, palabras, emociones, sensaciones corporales y actos confrontándolos con la luz del AMOR.

Ten en cuenta que **nos enfadamos** cuando:

-Nos rechazan, Excluyen, Insultan.

Porque hieren nuestros sentimientos.

-Por malos resultados, Acusaciones injustas, Mala suerte.

Porque tenemos algo que NO queremos.

-No obtenemos atención, Lo que queremos, Consuelo.

Porque NO conseguimos lo que queremos.

Medita si podrías reaccionar con más tranquilidad y afecto cuando te sientas molesta.

Sigue indagando en tu interior sobre:

¿Qué situaciones te impacientaron, te enojaron, te sacaron de ti? ¿Qué de todo lo que te pasó en el día impactó con más fuerza en tu corazón? ¿Hay algo que hiciste o dijiste de lo que te arrepientas o por lo que tengas que pedir perdón? ¿Qué hubieras podido hacer con más amor y dedicación? ¿Hay alguien a quien tengas que perdonar?

Vuelve a respirar profundamente. ¿Cómo está tu corazón al terminar este día? ¿Qué le quieres decir a Dios? ¿Por qué quieres darle gracias?

Respira profundamente, y concéntrate en cómo te sientes ahora. Trata de identificar y nombrar por los menos tres sentimientos.

Pon tus manos en tu corazón, como queriendo "tocar" esto que sientes, acariciar la experiencia vivida a lo largo de todo el día.

Puedes formular un deseo o una intención para las personas que has visto. Recuerda (si puedes) sus rostros, y deséales el bien. Si no logras recordar sus rostros o precisar sus nombres, sencillamente formula una bendición y un buen deseo para todas ellas.

Agradece a la vida por haber estado hoy con esas personas. Abre los brazos como queriendo soltar esta experiencia, entregarla a la vida, dejarla ir... Deséales el bien a todas las personas y déjalas ir...

Haz unas respiraciones profundas y mientras el aire entra y sale de tu cuerpo, repite:

Así fue mi día...
Hice lo mejor que pude...
Así fue...

Respira profundamente. Toma conciencia de tu interioridad y permanece así unos minutos, respirando y mirando con amor todo el día que pasó.

Vuelve a respirar profundamente y pregúntate: ¿Por qué quiero dar gracias? ¿Qué le quiero pedir para el día de mañana?

Confíate en los brazos maternales de María. Reza un Ave María, haz la señal de la cruz y disponte a dormir en paz, dejando que tu corazón, siempre encendido, siga repitiendo al compás de sus latidos el Nombre del Señor o tu frase preferida que te relaje. Si eres de otra espiritualidad puedes repetir tu mantra favorito.

∞∞∞∞∞∞

"Cuanto más difícil sea el terreno del interior de mi hermano, más suavidad y más cuidado debo tener para entrar".
<u>Nos enfadamos cuando:</u>
-Nos rechazan, Excluyen, Insultan.
Porque hieren nuestros sentimientos.
-Por malos resultados, Acusaciones injustas, Mala suerte.
Porque tenemos algo que NO queremos.
-No obtenemos atención, Lo que queremos, Consuelo.
Porque NO conseguimos lo que queremos.

Capítulo VII- Conclusión: mi pedacito de cielo

Esta fue la historia de una mujer que se animó a vivir su diferencia cuando descubrió su propio pedacito de cielo en la tierra.

Mi pedacito de cielo

Nació luego de una pelea que duró 3 días de lágrimas.

Elijo creer en un Dios que ama mejor de lo que yo puedo amar. Que me permite hoy y ahora disfrutar de un adelanto del cielo cuando hago el amor con mi esposo, tengo a mi bebé en mis brazos o miro a los ojos a mi perrita. Y aún más en medio de más dificultades cotidianas de la vida aprendiendo que los errores son parte de nuestro crecimiento.

Ana se despertó de un sueño un domingo el 26/07/2020 con un abrazo de su esposo, sintió que culminaba con broche de oro el final del sueño despertándose a la realidad. Sin saber en ese momento que estaba embarazada de su primer bebé. En su sueño tenía la sensación de estar estancada, por la TRISTEZA. Entendió que ese sentimiento era el que la acompañó tantos años y por fin le pudo dar nombre. Sabía que Dios le dio está luz al final de este camino recorrido por el tren de la vida que la llevaba a una nueva estación. Se mezclaba en el sueño un viaje a la selva de su tierra natal donde al final ella paseaba por la vegetación para llegar a un arroyo cristalino que corría suavemente. Comprendió al despertar que era su manantial cristalino, agua viva, y que Dios pasó sanando por las piedras de su vida. Recordó su primer retiro en Casa de María donde eligió quedarse a vivir en esa gran ciudad, luego de no lograr recuperarse del todo del rompimiento y abandono de su ex novio. Se sentía estancada, no fluía (se le reveló en el sueño también). **¡Qué grande es Dios!** Que venía preparándola durante los últimos años para sanar su dolor y unió su camino al de su esposo.

Terminar esta parte del viaje repasando la situación de gran dolor del duelo por separación, le permitió entender un poquito más del plan de Dios para ella, su gran AMOR de Padre. Entendió que su mensaje era que aprendiera a disfrutar el momento PRESENTE y haber salido de la tristeza para abrirse a la vida y recuperar la alegría. Dándose cuenta que era ella la que ELIGE AHORA. Ya no espera que la elijan a ella. Ella decide.

Y sintió que puede acompañar en este proceso de duelo desde su experiencia a otras personas y compartirles las herramientas que le han ayudado a superar la crisis del duelo de una pareja con la que tenía un proyecto de vida y la ilusión de ser feliz a su manera (sus planes no siempre coincidían con los de Dios).

En el camino conoció grandes sabias que resignificaron el acompañamiento de mujer a mujer, con esta frase llena de mística representa su sentir: ***"¡Qué consuelo y qué alegría en el corazón de la mujer cuando descubre esta cercanía de Dios Amor en la sencillez de su vida!"*** (I. ORDOÑEZ. *Acompañamiento Espiritual. Hacia la plenitud del amor*. Pág. 116). La guía en su vida diaria con su esposo, en medio de la pandemia, donde nunca se imaginaron pasar tanto tiempo juntos y disfrutando de lo sencillo de su cotidianeidad.

El enojo que salió junto a la tristeza le llevaron a estar más consciente. Recordar situaciones donde su elevado perfeccionismo hicieron que no pueda tolerar que su ex decida dejarla, le generó frustración, más enojo y muchas veces se quedó callada y soportando malos tratos. Lo que le llevó a somatizar enfermedades como alergias e intolerancias. Enfrentó el desafío de aprender a relajarse aceptando sus limitaciones y las de los demás.

Espero que estas breves líneas hayan llegado a mujeres que sienten el abandono como un duelo, para que encuentren desde la espiritualidad de su propio Camino al Corazón un espacio de contemplación para sanar su dolor luego de una separación brutal no comprendida, la pérdida de confianza por una traición, cuando es posible que se hayan encerrado completamente y digan *"no tendré más confianza en nadie"* para confirmar que **DIOS nos AMA a las que no nos creemos AMADAS.**

Me voy despidiendo con este breve ejercicio que ayudó a muchas mujeres, cuando caían en la desprotección del abandono, reviviendo el suceso una y otra vez, anímate a realízalo ahora:

Abrí a María esto que viviste. Toma conciencia de que experimentaste una brutal **pérdida del amor**. El recuerdo del suceso está ahí enterrado. Deja emerger el recuerdo traumatizante para permitir al Espíritu introducirse en él. Así lo que viviste se aclara poco a poco, se coloca en su sitio (pertenece al pasado).

Luego reviví de nuevo el mismo acontecimiento en presencia de **Dios**. Regresa al recuerdo con todo lo que sabes ahora, con lo que conoces de Su amor, que se hace cargo de vos y te fortifica, te dice que nunca estarás sola.

Para terminar, te comparto un extracto de la canción de la Hna. Glenda **"Soy de tiempo"** que me acompaña entre tantas otras de esta talentosa y amorosa mujer (ver letra completa *en Anexo I)* que habla de:

"Hay tiempo de llorar y tiempo de Reír.
*Tiempo para **hacer duelo** y tiempo*
*de **bailar**.*
Yo soy de tiempo, ...
Hay tiempo de abrazar, tiempo de
Desprenderse."

Y te dejo estás tres preguntas para reflexionar después de haber transitado esta experiencia juntas, sabiendo que no elegimos pasar por el dolor, simplemente es la vida. ¿Sientes que la separación es una puerta abierta hacia tu nueva libertad?, ¿qué el desamor es lo que te libera a una nueva experiencia de vida? y está última pregunta es para que mires en tu interior: ¿Dios me ama? Cambia los signos de interrogación por exclamación **¡Dios me ama!**

Ejercicio final: una puerta hacia tu libertad

Revisa tu proceso a través del perdón:

Te propongo que escribas tu propio proceso desde el perdón, si leíste bien, es hora de empezar a dejar ir, a soltar lo que ya no existe.

Reflexiona sobre estos tips que he recopilado para quitarse de encima el peso del rencor.

¿Sabes perdonar? O ¿quieres saber cómo perdonar?

Es comprensible que ni bien nos traicionan queramos «*lastimar o que le vaya mal*» a quien nos hizo tanto daño. Cuando nos hirieron, mediante el acto de perdonar conseguimos soltar la ira e incluso el odio o el rencor.

¿Qué es el rencor?

Lo primero que me surge se refiere a mi decisión deliberada de no querer perdonar a la otra persona.

El rencor alimenta el fuego de la venganza, te vas llenando de pensamientos como:

"Me tiene que pagar lo que me hizo",
"No me conoce, ya verá de lo que soy capaz"

Y otros pensamientos similares que indican que el veneno está en nuestra sangre y peor aún en nuestro corazón.

Formas de Vengarse:

Hay varias maneras de vengarse, obligándome a tener éxito, a demostrar que valgo, demostrar al otro lo desgraciada que me hizo, negándome a vivir, negándome a curarme.

¡Cuidado con no caer en esta autodestrucción mujeres!

Para saber perdonar, es fundamental el **conocimiento propio y la humildad** (*que es andar en verdad, según Santa Teresa de Jesús*). Con estas dos virtudes de la mano, el perdón se nos hará más fácil y brotará del corazón. Sin olvidar el mirar a Jesús.

Procurando, proponiéndonos, intentando, esforzándonos para que ese veneno de rencor, odio u resentimiento no continúen en mi vida, destruyéndome a mí, a mis seres queridos y lo que amo.

Pasos a considerar para el perdón:

El primer paso es poner la mirada al servicio del Espíritu, de la verdad amante, que ayuda y hace crecer en paciencia.

Tomémonos un tiempo de silencio y oración para estar preparadas para hablar si una puerta se abre o comprender cuál es el comportamiento mejor para mí.

Cada vez que venga un pensamiento destructivo, sustituyámoslo por una palabra de vida. Y hablando de vida te regalo esta preciosa plegaria.

Oración de perdón:

Dios, Creador de lo que existe,
suaviza el barro de mi corazón,
para que el rencor y las frustraciones de la vida,
no sigan dañando todo lo valioso para mí.
En cambio, dame lucidez, lléname de paz, serenidad, confianza, fe y
esperanza.
Espíritu de amor y perdón, bríndame nuevas oportunidades,
guíame a dirigir mi vida, aceptando mis éxitos y fracasos,
con las alegrías y tristezas.
Y que sienta la satisfacción de haber perdonado y sentirme perdonada.
Amén.

Veamos algunas <u>ideas sobre el perdón:</u>

-Es vivido atravesando por etapas, donde una de las facetas es el *desprendimiento* profundo.

-No es forzosamente la interrupción del sufrimiento. Pero puede ser vivido luego con el corazón *apaciguado*.

-Solo es posible cuando hayamos tomado conciencia del daño sufrido y elegido poner en marcha el acto de perdón con *determinación* desde el corazón profundo, que guardará una huella de ese paso.

-El perdón no es otra cosa que un acto de fuerza y coraje. Para perdonar se precisa *ser valiente*, sobre todo, cuando el dolor que nos han causado es profundo.

-Perdonar no es olvidar ni negar o minimizar lo sucedido. Tampoco sirve "excusar" (hay actos que son inexcusables), resignándonos a los que nos ocurrió o dándonos por vencidas, pues de este modo nos volveremos susceptibles a sufrir nuevas injusticias.

-Ciertamente, el perdón trae dos **"regalos de paz"**, uno para quien perdona y otro para quien causó la herida.

-Perdón no significa renunciar al derecho de justicia como si nada hubiese sucedido. Tampoco implica una reconciliación. Perdonar a alguien no significa bajo ningún concepto que permitamos que nos siga maltratando o lastimando.

-El perdón depende de uno, mientras que la reconciliación necesita de las dos personas.

<u>Soltar es La llave</u>

El perdón es la llave que abre esas puertas para que pueda salir toda esa tristeza guardada, de manera que vuelva a circular nuevamente la paz y la armonía. Teniendo en cuenta que *"Dios nunca forzará esa puerta, porque el picaporte esta de nuestro lado"*.

Dejar partir al ofensor hace que esa persona ya no tenga poder sobre nuestra vida. Al liberarlo, no solo soltamos a quien nos lastimó, sino, además, todos los sentimientos negativos que lo sucedido nos ha generado.

Esa acción de soltar es como una declaración en voz alta de liberación de quien nos causó una ofensa, y pronunciarla permite que nos inundemos de paz.

Perdonar no implica necesariamente reanudar la relación con la persona que nos hirió, sino simplemente soltarla de nuestra vida para que no continúe lastimándonos.

Beneficios de saber perdonar

Perdonar, nos hace bien a nosotras mismas, más si tomamos la decisión de no recordar.

El acto de perdonar disminuye la presión arterial, baja los niveles de ansiedad, nos hace menos agresivas, entre otros beneficios. Pero, sobre todas las cosas, nos permite recostar la cabeza sobre la almohada por la noche con total tranquilidad y disfrutar de una vida en paz, aun en medio de las crisis que nos toque traspasar.

El resentimiento siempre nos hiere a nosotras mismas, y nadie merece dañarse así.

Escribe si 🖊️◈ ¿quieres soltar el rencor por alguien o algo que pasó?

Y por último te dejo estas palabras de pura sabiduría:

2Cor 1, 1-7

*3. Bendito sea Dios, Padre de Cristo Jesús, nuestro Señor, Padre lleno de **ternura**, Dios del que viene todo **consuelo**.*

*4. Él nos **conforta** en toda prueba, para que también nosotros seamos capaces de confortar a los que están en cualquier dificultad, mediante el mismo consuelo que recibimos de Dios.*

*5. Pues en la misma medida en que los sufrimientos de Cristo recaen abundantemente sobre nosotros, el consuelo de Cristo también nos llega con mayor **abundancia**.*

♥ Gracias
  Yenni

Anexo I: Canción "Soy de tiempo"

Hay tiempo de nacer, y tiempo
De morir,
Hay tiempo de plantar y tiempo
De arrancar.
Tiempo de matar y tiempo de
Sanar.
Hay tiempo de destruir, tiempo
De construir,
Hay tiempo de llorar y tiempo de
Reír.
Tiempo para hacer duelo y tiempo
De bailar.
Yo soy de tiempo,
Yo soy de tiempo
Yo soy de tiempo
Yo soy de tiempo Tú eres el alfa
Y la Omega.
Tú eres mi principio y fin
La eternidad.
Hay tiempo de arrojar piedras,
Tiempo de recogerlas.
Hay tiempo de abrazar, tiempo de
Desprenderse.
Hay tiempo de guardar, tiempo de
Desechar
Hay tiempo de rasgar y tiempo de
Coser.
Hay tiempo...
Compositora: Glenda Hernández Aguayo

Anexo II: ¿Qué aprendí con la toma de consciencia?

Para despedirme te dejo estas palabras que me llegaron oportunamente para que las disfrutes y me escribas tu opinión si lo deseas.

¿QUÉ APRENDÍ CON LA TOMA DE CONSCIENCIA?

◇Aprendí a "buscar adentro", lo que me "molesta afuera", a buscar el conflicto "dentro mío", ya que lo que me "muestra el exterior", es **un reflejo de "mi mundo interior".**

◇Aprendí a no querer "cambiar a nadie", entendí que **el cambio soy yo**, que si quiero ver el cambio "fuera", debo "cambiar yo".

◇Aprendí a "no hacer responsable a nadie" de mis emociones y de las cosas que me suceden. Sólo yo soy quien piensa en mi mente y siente en mi corazón, "nadie es responsable de lo que a mí me pasa", porque consciente o no, "**yo estoy eligiendo siempre**" qué pensar, cómo reaccionar, qué hacer... etc.

◇Aprendí a "dejar libres a mis seres queridos, sin culpas ni chantajes", pues comprendí que la culpa y el chantaje dañan el alma de quienes amamos, los destruimos y yo los Amo, los dejo en Libertad. El "**Amor es Libertad**", no me deben nada, elijo compartir con ellos desde el Amor y la Libertad.

◇Aprendí a "no esperar nada a cambio", el Amor no es una negociación, **aprendí a "no sacrificarme"** por nadie, el sacrificio siempre espera algo a cambio, siempre espera recompensa y luego se decepciona, el sacrificio no es amor

◇Aprendí a actuar desde el "Amor Incondicional" que es una fuerza amorosa que no espera nada a cambio, actúa sólo por Amor, **doy sólo por el gozo que se siente dando.**

◇Aprendí que "**no tengo poder sobre nadie**", sólo sobre mí, entendí que querer cambiar a otros es un acto de absoluta ignorancia, egoísmo y un sentimiento ¡dictatorial!

◇Aprendí que habita en mí una "Absoluta Libertad Interior", que soy libre para decidir con quienes quiero estar y con quiénes no, que **la**

vida es un disfrute y no un padecimiento y que desde mi libre albedrío puedo decidir, ese es mi verdadero poder: LA DECISIÓN.

◇Aprendí que **mi "Guía Interior"** son mis sensaciones de "agrado" y "desagrado", esa alerta que te dice: "quédate tranquila" o "salte de aquí".

◇Aprendí a "Amarme y Respetarme" tanto, que a mi vida llegan personas que me aman tanto como **Yo me amo** a mi.

◇Con la toma de consciencia, aprendí a liberarme de "etiquetas y caretas", **ser auténtica a mi sentir.** No me interesa caer bien, ni falsearme, soy respetuosa con los demás, pero no me falseo.

◇Aprendí a **"respetar los tiempos** de los demás", no siendo invasiva.

◇Aprendí a **"retirarme a tiempo"** de los lugares donde no soy bienvenida porque comprendo que no tengo por qué caerles bien a todos, aprendí que las Almas nos unimos por "vibraciones" y cuando no son afines se pueden separar y hacer cada una su vida, no hay que soportar, ni dejar que nos soporten.

◇Aprendí a valorar mi espacio vital, a "cuidar mi energía", si algo o alguien no es afín a mi energía sé que puedo retirarme, que puedo salirme de situaciones que no me aportan crecimiento o bienestar, si no me retiro a tiempo, **mi cuerpo me lo demandará más tarde.**

◇Aprendí a **"salirme más rápido de las tristezas,** broncas, peleas y enojos", ya no me quedo acampando allí, elijo cambiar el curso de mis emociones, haciendo cosas que me gustan o viendo personas que me estimulen. Las molestias y rabias que antes me duraba meses hoy me duran sólo un rato.

◇Aprendí que sólo **el "Amor", la "Bondad" aportan,** aprendí a salirme de todo aquello que me alejé de la Paz, el Equilibrio y el Amor.

◇Aprendí a buscar las "**causas emocionales** de mis enfermedades", y tomar cartas en el asunto, cambiando de "percepción", transformando mi vida si es necesario, así eso impliqué cambios radicales que me incomoden.

◇ Aprendí a **"escucharme"**, a respetar mi "Voz Interior", ese guía que sabe lo que más me conviene para mi crecimiento, antes me dejaba aturdir con voces exteriores, ya no, sólo mi "Guía Interior" sabe lo que es mejor para mí.

◇ La toma de consciencia me enseñó a ser más intuitiva que racional, la razón calcula, mide, especula, pero no sabe, mientras que el corazón es una flecha directa que va hacia el camino acertado para mi Evolución. -

Don't miss out!

Visit the website below and you can sign up to receive emails whenever Yenni Payeski publishes a new book. There's no charge and no obligation.

https://books2read.com/r/B-A-YADQ-AHVRB

BOOKS 2 READ

Connecting independent readers to independent writers.

Also by Yenni Payeski

Problemas para dormir. Rituales y oraciones para que duermas más
feliz
Trouble Sleeping? Evolve your spirituality
Acompañamiento espiritual por ruptura amorosa
Descodificación biológica Infantil
BIOLOGICAL DECODING. Children's Books

Watch for more at https://sentirseamada.com/.

About the Author

Soy Yenni Payeski. Descodificadora Biológica. Acompañante espiritual. Coach. Ingeniera.

Esposa. Madre. Hija.

Mi propósito es ayudar a descubrir la presencia de Dios en sus vidas, recuperar la ALEGRÍA a través de la FE y el Bienestar a través de la Biodescodificación.

Después de vivir años alejada de la fe y de mi pasión por la naturaleza, encontré en el catolicismo el mejor refugio para curar mis heridas. Aprendí que escucharme a mí misma y escuchar a los demás es el camino para el amor infinito de Dios.

El camino de la fe me llevó a convertirme en ministra del Silencio, la Escucha y la Acogida. En 2016 fundé **Sentirse Amada**, un espacio de acompañamiento espiritual donde brindo talleres para ayudar a mujeres en su búsqueda de bienestar a través del autoconocimiento, la meditación y la oración.

Con mis libros, te ayudo a reconocer y observar tus emociones y te doy las herramientas para volver a creer en ti misma y sentirte amada por Dios.

Ingresa a www.sentirseamada.com y da el primer paso a la conciencia del merecimiento, donde CREER es PODER.

Read more at https://sentirseamada.com/.